# Gaming
# Sociologie du jeu vidéo

Collection *Monde en cours*
créée par Jean Viard

Ouvrage édité par Manon Viard,
dans le cadre d'une coédition
dirigée par Laurent Cohen et Jérémie Peltier



www.editionsdelaube.com

ISBN 978-2-8159-5958-2

Jean-Philippe Dubrulle
Enora Lanoë-Danel

# Gaming

## Sociologie du jeu vidéo

*éditions de l'aube*
*fondation jean-jaurès*

# Introduction

Le jeu vidéo apparaît aujourd'hui installé dans le répertoire de loisirs des Français, et ses manifestations, incontournables : de la publicité à la télévision et en ligne jusqu'au cinéma – *Super Mario Bros. le film*, adaptation en animation du célèbre jeu éponyme, est nommé aux Oscars –, jusqu'aux grands-messes de l'*e-sport*, en passant par les encarts en bord de terrain de football, sans même compter des personnages emblématiques plus connus à travers le monde que certains prophètes… il est désormais impossible d'échapper aux multiples avatars du *gaming* !

Toutefois, malgré l'omniprésence de ce secteur industriel dans nos vies – dont le chiffre d'affaires dépasse ceux du cinéma et de la musique cumulés, ainsi que s'évertuent à le matraquer les professionnels du secteur –, force est de constater qu'il suscite encore une certaine forme de méconnaissance voire de diabolisation au sein des strates les plus établies de la population, c'est-à-dire les plus âgés… mais aussi les élites. Les discours politiques illustrent également l'ambivalence de ce rapport au jeu vidéo et son industrie : la matière vidéoludique y apparaît surtout sous l'angle du soutien à ses filières, industrie ou *e-sportive*. Les pouvoirs publics accompagnent le secteur, via des financements publics, un plan quinquennal pour le développement de l'*e-sport*, la filière ayant très récemment obtenu un abaissement de la TVA… Mais le jeu vidéo en tant que pratique ou objet culturel demeure remarquablement absent de ces discours.

Emmanuel Macron, plus particulièrement, porte un regard éminemment « *business* » sur le jeu vidéo. Lorsqu'il accueille à l'Élysée le *streamer* ZeratoR – un choix opportun juste avant les élections législatives de 2022 –, il salue avant tout une figure du développement de l'*e-sport*. Et chaque année depuis 2019, lorsqu'il félicite les efforts des *streamers* pendant le marathon ZEvent au profit d'associations, c'est l'aspect caritatif qui est célébré, celui-ci apparaissant alors comme une condition nécessaire pour daigner parler *gaming*. Toujours chez Emmanuel Macron, lorsque la dimension industrielle est absente, un tout autre rapport au jeu vidéo se dévoile dans ses déclarations en réaction aux émeutes consécutives à la mort du jeune Nahel : les émeutiers vivraient « dans la rue les jeux vidéo qui les ont intoxiqués » – le champ lexical n'est pas neutre. Plus généralement dans la classe politique, la pratique du jeu vidéo n'est mentionnée qu'à l'occasion de faits divers, comme une circonstance pouvant expliquer le passage à l'acte violent, que ce soit par l'isolement, l'abrutissement ou les biais sexistes prétendument induits par ce loisir.

Pourtant, le ministère de la Culture célèbre plus directement – mais plus timidement – un autre versant de ce secteur : celui de la création et de l'art. Ainsi, il reconnaît officiellement le jeu vidéo comme le 10e art depuis 2006, et des personnalités issues du jeu vidéo se sont vues nommées chevaliers de l'ordre des Arts et des Lettres. Dès 2006, Renaud Donnedieu de Vabres décore Shigeru Miyamoto (créateur de *Mario*), Michel Ancel (*Rayman*) et Frédérick Raynal (*Alone in the Dark*). Un an plus tard, c'est au tour de Peter Molyneux (*Fable*). Enfin, en 2023, et après une pause conséquente d'une quinzaine d'années, Eiji Aonuma (*The Legend of Zelda : Breath of the Wild*) est décoré. À côté de la « culture », on voit également dans cette récente vague de nominations un tropisme *business*, conjugué à la volonté d'accompagner et de célébrer les femmes du secteur, que ce soit pour leur parcours (Rebecka Coutaz, Marie Blondiaux, Céline Tricart en 2022) ou leur action menée en faveur de la représentation des femmes (en

2019, puis en 2022, Julie Chalmette et Audrey Leprince, les fondatrices de l'association *Women in Games*).

Le jeu vidéo, si célébré dans sa dimension industrielle et pourtant si brocardé dans son aspect ludique, serait-il donc un comportement marginal, sinon déviant, qui devrait son exposition hypertrophiée aux intérêts financiers colossaux des mastodontes du secteur ? À cette question inutilement compliquée, une réponse simple : les Français jouent. Même s'ils ne se reconnaissent pas tous dans l'étiquette de « *gamer* », plus des trois quarts – sans même compter les moins de 15 ans ! – ont déjà joué à des jeux vidéo au cours de leur vie, deux tiers l'ayant fait au cours des trois derniers mois et un tiers au cours de la dernière semaine. Des proportions gigantesques, mais aussi dynamiques dans le temps. Dans son enquête au long-cours « Cinquante ans de pratiques culturelles en France », le ministère de la Culture mesure une progression fulgurante de la pratique du jeu vidéo en France (selon une définition propre et distincte de la nôtre) : la part des joueurs sur la population française de 15 ans et plus y passe de 19 % en 1997 à 44 % en 2018 – un plus que doublement en à peine vingt ans.

Le jeu vidéo est partout, des halls de gare et d'aéroport jusqu'à nos poches ! Partout, car il suffit de s'adonner aux jeux de casse-tête pour faire partie des pratiquants. Partout car, jusqu'à 50 ans, à peu près toutes les strates d'âge jouent à une énorme majorité. Partout, enfin, car il n'y a pas de différence significative entre le taux de joueurs chez les hommes… et chez les femmes. Mais alors, dans une société où le *gaming* a incontestablement pénétré toutes les strates de la population, à tel point qu'il ne peut plus être opérant comme facteur discriminant dans l'analyse des comportements sociaux, comment expliquer le décalage et la défiance persistants d'une partie de la population à l'égard de ce loisir ? Le mal vient-il des jeux vidéo ou bien des écrans – avec les changements majeurs qu'ils ont amenés dans la société de loisirs ? Ou ne viendrait-il pas plutôt… de la société dans son ensemble ?

Sur la base des études que nous avons menées, ainsi que d'un corpus foisonnant de travaux de recherche, difficile d'établir que le jeu vidéo isole, rend violent ou misogyne. Dans la première hypothèse, c'est même tout le contraire puisque les données recueillies montrent que le *gaming* constitue un espace de socialisation à part entière, fût-il dématérialisé. En revanche, il est aussi vrai que dans certaines chapelles liées à une pratique investie, il existe dans l'univers du *gaming* une culture attestée de l'invective, qui pèse notamment… sur les femmes. Taux de victimation, stratégies d'évitement : les expériences des femmes joueuses ayant eu des interactions avec d'autres joueurs sont édifiantes, avec pour conséquence le retrait et l'invisibilisation. C'est cette dernière qui fait encore passer aux yeux de certains le jeu vidéo pour une pratique d'adolescent – au masculin – et qui entretient certains joueurs hommes dans la vision fantasmée de leur appartenance à une communauté homogène et surtout non mixte.

Le jeu vidéo apparaît ainsi pris dans un cercle vicieux où, bien qu'il y ait autant de joueurs que de joueuses, ces dernières sont contraintes de s'effacer et moins s'identifier dans ce loisir. Un rejet qui s'explique par de nombreux facteurs : un loisir historiquement pensé par des hommes pour des hommes, des mécaniques de jeu souvent pensées dans le prolongement de divertissements dits « masculins » et portées sur la compétition et le combat, des héros et héroïnes fortement marqués par les stéréotypes de genre, un cadre de travail toxique maintes fois dénoncé par les conceptrices, etc. Or, les études que nous avons menées montrent que, sauf exception, le *gamer* moyen n'est pas plus sexiste que le Français moyen. Comme si, en définitive, les effets d'entraînement et les bulles de toxicité qui défrayent la chronique dans le milieu du *gaming* n'étaient qu'un miroir grossissant des travers qui parcourent l'ensemble de notre société.

Le présent ouvrage va s'attacher à explorer ces questionnements au travers de deux grandes parties, « des chiffres et des lettres ». D'abord, avec un bilan quantitatif des pratiques, réalisé sur la base d'un sondage de référence (près de 5 000 répondants) Ifop pour GamerTop de 2023, conduit par les auteurs de ces lignes. Ensuite, par la confrontation de ces résultats chiffrés à la littérature scientifique internationale consacrée à l'expérience de la toxicité par les joueurs et surtout les joueuses – une littérature développée aux États-Unis, qui en ont fait un objet d'étude à part entière, et qui croît petit à petit dans le paysage francophone. Il ressort de ces éléments un panorama des pratiques du jeu vidéo en France plus complet que les quelques enquêtes institutionnelles existantes, et moins focalisé sur les aspects privilégiés par la lecture *business* que les études des représentants de l'industrie (Syndicat des éditeurs de logiciels de loisirs, Agence française pour le jeu vidéo).

## Une consommation généralisée, une multiplicité de consommations

### Qui sont les joueurs ?

#### *Combien de joueurs ?*

L'industrie du jeu vidéo, bientôt cinquantenaire (*Pong*, premier succès grand public, remonte tout de même à 1972, mais on retrouve des formes de proto-jeux dès les années 1950), se targue régulièrement de posséder un chiffre d'affaires supérieur à celui du cinéma et de la musique réunis[1] – en témoignent les budgets des superproductions dites « AAA » (triple A), qui viennent égaler les *blockbusters* hollywoodiens à deux cents millions de dollars pièce. Ceci invite inévitablement à s'interroger sur le volume de consommateurs drainé par cette industrie, une interrogation qui devient de plus en plus insistante à mesure que l'on méconnaît

1. Victor Tassel, « Le jeu vidéo, un marché plus important "que ceux du cinéma et la musique réunis" », *leparisien.fr*, 22 octobre 2023.

cette matière. Autrement dit, qu'est-ce qui peut bien justifier le fait qu'on parle et qu'on dépense autant en matière de jeux vidéo ? Le niveau de pratique, tout simplement.

En guise de préliminaires, rappelons ce qu'est un jeu vidéo : un jeu électronique doté d'une interface utilisateur permettant une interaction humaine ludique en générant un retour visuel sur un dispositif vidéo – bref, tant qu'il y a du jeu et de l'image animée, on est dans le jeu vidéo. À la question « Au cours de votre vie, avez-vous déjà joué à des jeux vidéo, quel que soit le support (ordinateur, console, smartphone, tablette)[1] ? », 79 % des Français – âgés de 15 ans et plus – répondent par l'affirmative. Avec huit personnes sur dix qui ont déjà joué au cours de leur vie, sans même prendre en compte les mineurs de moins de 15 ans, on peut donc raisonnablement soutenir que cette pratique est répandue. Plus encore : elle est généralisée. Si la pratique se révèle largement et majoritairement démocratisée, elle s'avère également d'actualité : quand 79 % des Français ont déjà fait l'expérience du jeu vidéo au moins une

1. Étude Ifop pour GamerTop réalisée par questionnaire auto-administré en ligne du 17 au 29 mars 2023 auprès d'un échantillon national représentatif de 5 009 personnes, représentatif de la population française âgée de 15 ans et plus.

fois dans leur vie, les deux tiers de la population (64 %, soit toujours une nette majorité) l'ont fait au cours des trois derniers mois[1] – ce qui signifie que seuls 15 % ont « lâché » ce loisir ou n'y ont touché qu'une fois dans leur vie, sans plus.

Dans le détail, 16 % des Français déclarent jouer quotidiennement (soit environ huit millions et demi de personnes), 25 % au moins une fois par semaine et 22 % au moins une fois au cours des trois derniers mois. Au lecteur qui s'interrogeait sur le nombre de joueurs de jeux vidéo en France, la réponse apparaît donc avec une clarté cristalline : ils sont beaucoup, c'est-à-dire huit sur dix à avoir joué au moins une fois dans leur vie (nous les appellerons « joueurs »), deux tiers au cours des trois derniers mois (les « joueurs actifs »), et près d'un sur six chaque jour (les « joueurs quotidiens ») – cela sans même prendre en compte les mineurs de 15 ans.

Des chiffres qui sont d'ailleurs comparables aux tendances observées ailleurs en Europe

1. Cette borne temporelle est arbitraire mais a le mérite d'être suffisamment large pour comprendre différents rythmes de pratique régulière (semaine travaillée, week-end, vacances) tout en excluant une consommation trop rare pour être signifiante dans le cadre de notre étude.

et mesurées par l'Ifop[1]. Les Français se rapprochent ainsi des Britanniques, « joueurs » pour 81 % d'entre eux et « joueurs actifs » pour 67 %. Mais la population britannique demeure la population qui joue le moins aux jeux vidéo parmi les pays investigués. Allemagne (85 % de joueurs, 69 % actifs), Italie (83 %, 71 %) et Espagne (89 %, 77 %) font ainsi montre d'un dynamisme encore plus prononcé en la matière, sans disposer d'une démographie sensiblement plus jeune qui serait à même d'expliquer « mécaniquement » cette différence (*cf.* infra sur le poids de l'âge dans la pratique du jeu vidéo). En clair, dans une Europe qui joue, la France joue elle aussi.

1. Étude Ifop réalisée par questionnaire auto-administré en ligne du 12 au 26 juin 2023 auprès d'échantillons représentatifs des populations nationales âgées de 18 ans et plus dans les pays suivants : France (1 500 personnes), Allemagne (1 506 personnes), Royaume-Uni (1 506 personnes), Espagne (1 500 personnes), Italie (1 500 personnes).

*Figure 1.*
*La pratique générale des jeux vidéo*

Source : enquête Ifop pour GamerTop (2023).
Base : ensemble des Français âgés de 15 ans et plus.

*Question : Au cours de votre vie, avez-vous déjà joué à des jeux vidéo, quel que soit le support (ordinateur, console, smartphone, tablette) ? Et au cours des trois derniers mois, à quelle fréquence avez-vous joué à des jeux vidéo ?*

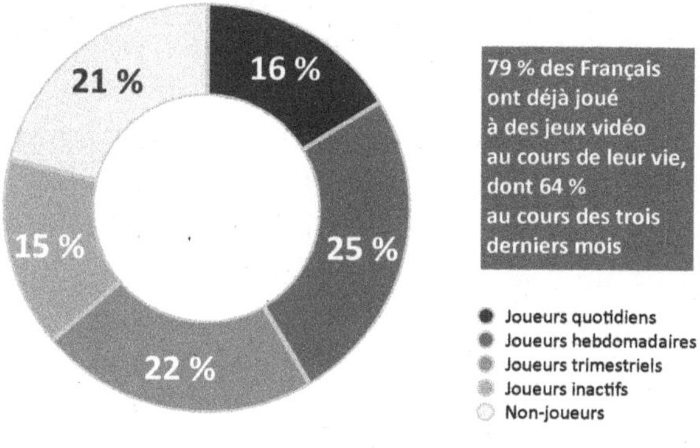


N.B. : en raison des arrondis, les totaux peuvent dévier de 1 % par rapport à la somme des parties.

## *Ils sont légion, mais à quoi jouent-ils ?*

Que font les joueurs de jeux vidéo sur leurs écrans ? Au-delà des modalités de pratique, soit les plateformes (supports) de prédilection ou encore la durée des sessions qui font régulièrement l'objet de publications de l'industrie, nous avons cherché à connaître, sinon les titres – trop nombreux –, les genres de jeux auxquels s'adonnent les Français.

Parmi tous les genres testés, c'est celui du jeu de réflexion ou casse-tête (type *Tetris*, *Candy Crush*, etc.) qui arrive en tête, cité par 80 % des personnes ayant déjà joué au cours de leur vie. Un résultat somme toute logique dans la mesure où ce genre cumule plusieurs avantages favorisant une large pratique : des titres généralement gratuits, voire préinstallés sur les appareils mobiles ou sur des ordinateurs[1], à la mécanique de jeu (*gameplay*) permettant une consommation « picorée », etc. À ce stade, il est d'ores et déjà intéressant de remarquer que, dans la galaxie des genres de jeu vidéo, c'est celui réputé le plus occasionnel (« *casual* ») qui arrive en tête – un constat attendu. Mais bien que les jeux de réflexion constituent par nature le genre plus susceptible d'attirer vers ce loisir un public habituellement distant du jeu vidéo (après tout, environ un quart des joueurs comptabilisés joue à ce genre-là et rien d'autre), force est de constater que même les joueurs de genres considérés comme plus sérieux ou

1. On se souviendra avec plus ou moins d'émotion du *Démineur* ou de *Pinball 3D Space Cadet*, jeu de flipper qu'on retrouvait sur Windows 95 déjà.

légitimes s'y adonnent : cités par 80 % des joueurs au sens large, les jeux de réflexion et casse-tête sont pratiqués à proportion similaire par les joueurs quotidiens (83 %), hebdomadaires (84 %) ou au cours des trois derniers mois (79 %) ; de même que par 84 % des joueurs considérés comme « *hardcore* » (*cf.* infra la définition de notre typologie de joueurs). En bref : loin de clichés qui veulent le cantonner à une catégorie qualitativement illégitime, le genre quantitativement roi du jeu vidéo est pratiqué aussi bien par les plus distants que par les plus investis dans ce loisir. Tout le monde joue et quasiment tous les joueurs donnent dans *Tetris*, *Candy Crush* et consorts… y compris les joueurs *hardcore*. Comme quoi, on est tous le *casual gamer* de quelqu'un !

*Figure 2.*
*Les genres de jeux vidéo pratiqués*

Source : enquête Ifop pour GamerTop (2023).
Base : « joueurs », soit 79 % de l'ensemble des Français âgés de 15 ans et plus.

*Question : Au cours de votre vie, avez-vous joué aux types ou genres de jeux vidéo suivants ?*
*Oui, au cours des trois derniers mois/ Oui, mais pas ces trois derniers mois/Non, jamais.*

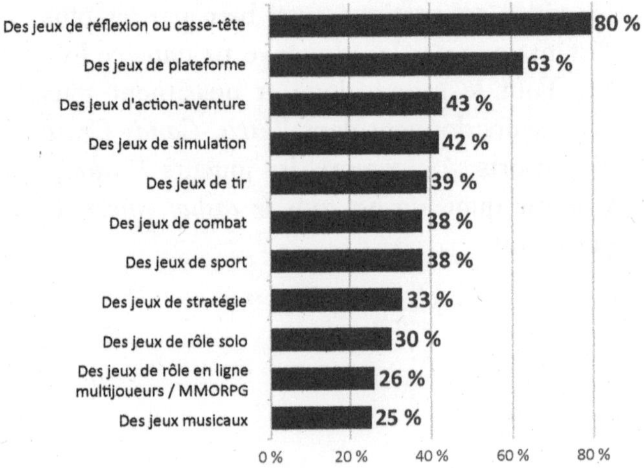


En deuxième place des genres les plus cités, on trouve les « jeux de plateforme[1] » du

1. Dans l'acception la plus simple de ce genre, le joueur contrôle un avatar qui doit sauter sur des plateformes suspendues dans les airs et éviter des obstacles.

type *Mario* et *Rayman*, pratiqués par 63 % des joueurs. Ce sont notamment ceux qui font le plus l'objet d'une communication à destination des familles et des enfants, de la part des éditeurs de jeux. Au-delà des deux premières places du classement, logiquement trustées par les genres les plus grand public et familiaux, arrive celui de l'« action-aventure » (*Zelda*, *Uncharted*, *Assassin's Creed*, etc.) ainsi que les jeux de simulation (*Les Sims*, *Cities: Skylines*, etc.), respectivement cités par tout de même 43 % et 42 % des joueurs. Les titres qui caracolent en tête du top des ventes et à la récurrence quasi annuelle (*Call of Duty*, *FIFA*) voient quant à eux leurs genres cités un léger cran en-dessous : 39 % des joueurs déclarent s'adonner aux jeux de tir et 38 % aux jeux de sport, soit des taux importants dans l'absolu (ils représentent tout de même vingt millions et demi de personnes) mais inférieurs aux classiques – au rythme de sortie plus espacé et au public cible plus large – du genre plateforme et proches de celui mesuré pour les jeux de combat (38 %). Enfin, en queue de peloton, on trouve les célèbres jeux de rôle en ligne multijoueurs[1] (« MMORPG » pour

1. Un jeu vidéo multijoueur permet à plusieurs personnes de participer ensemble et simultanément à une même partie, que celle-ci ait lieu sur un seul appareil, plusieurs appareils connectés en réseau ou en ligne.

*massively multiplayer online role-playing game*, du type *World of Warcraft*, etc.) et les jeux musicaux (*Guitar Hero*, etc.) cités par 26 % et 25 % des joueurs.

Tous ces taux de pratique genre par genre, largement supérieurs à 100 % une fois additionnés (car une même personne peut citer plusieurs items), montrent qu'au-delà de la hiérarchie des titres largement dominée par la catégorie des casse-tête, les joueurs ont tendance à panacher leur loisir en s'essayant à plusieurs genres à la fois, sans se limiter à une seule famille de jeux. Le joueur de jeux vidéo semble avoir une consommation fondamentalement éclectique. Quitte à bousculer les idées préconçues des prescripteurs qui cherchent à dresser une barrière étanche[1] entre joueurs « *hardcore* » et « *casual* » (*cf.* explication de la typologie ci-après).

Illustration : si l'on a pu voir précédemment que les joueurs *hardcore* avaient tendance

1. Même si, il est vrai, les puristes reprochent moins aux joueurs d'avoir une pratique *casual* que de se limiter à cette seule approche du jeu vidéo. Il s'agit là d'un autre enseignement sur la classification opérée au sein de ce loisir, entre pratique légitime et pratique illégitime : jouer occasionnellement, c'est surtout ne pas jouer de manière *hardcore*. Pour être légitime, ce n'est donc pas tant la pratique *casual* qui est disqualifiante que l'absence de pratique *hardcore*.

à s'adonner autant voire plus que les autres aux casse-tête (84 % de pratique, contre 80 % chez l'ensemble des joueurs), on observe grâce à un autre mode de calcul qu'ils représentent une part extrêmement importante des adeptes des jeux de réflexion. Schématisons : sur l'ensemble des joueurs, 80 % pratiquent les casse-tête ; sur l'ensemble des joueurs, 44 % peuvent être qualifiés de « joueurs occasionnels » (*casual*), par opposition aux joueurs *hardcore* ; ce qui signifie que les 36 % de joueurs manquants pour compléter la cohorte d'adeptes des jeux de réflexion… sont des joueurs *hardcore*. En clair, non seulement les joueurs considérés comme plus investis pratiquent assidûment le genre le plus grand public, mais ils en constituent aussi presque la moitié des adeptes. *Casual* et *hardcore gaming* apparaissent donc, dans la pratique, inextricablement liés.

*Figure 3.*
*Zoom sur le profil des Français ayant une pratique assidue des jeux vidéo*

Source : enquête Ifop pour GamerTop (2023).
Base : « joueurs », soit 79 % de l'ensemble des Français âgés de 15 ans et plus.

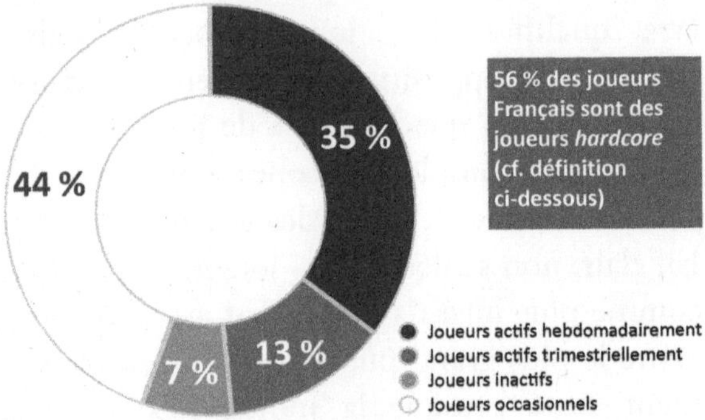


N.B. : en raison des arrondis, les totaux peuvent dévier de 1 % par rapport à la somme des parties.

Aparté méthodologique : cette typologie *casual* versus *hardcore* a été réalisée par nos soins dans l'étude Ifop pour GamerTop dans la mesure où nous estimions inopérants les paramètres de fréquence ou de durée de session de jeu pour distinguer les joueurs occasionnels des joueurs les plus investis, puisqu'on peut jouer tous les jours à des casse-tête (assiduité au genre le plus grand public) ou très longuement une fois tous les six mois (pratique intense mais espacée). Par convention, et surtout pas dans une démarche normative, nous avons donc opté pour une typologie basée sur les genres de jeux pratiqués, et défini les joueurs « *hardcore* » comme des joueurs jouant au moins à des jeux de tir, ou d'action-aventure, ou de rôle en solo ou en ligne multijoueurs, ou de stratégie. Ceux-ci sont considérés comme les plus sérieux ou légitimes par les acteurs prescripteurs car ils demandent un investissement en temps, en effort, et sollicitent les ressorts du challenge et de la compétition (*cf.* la manière dont la vision du monde proprement masculine de l'industrie du jeu vidéo a façonné ces codes). Critères supplémentaires dans la typologie : parmi les joueurs actifs au cours des trois derniers mois, les joueurs *hardcore* sont ceux qui jouent au moins sur console ou ordinateur, supports dont les jeux ne peuvent pas être transposés sur smartphone, appareil le plus grand public et moins centré sur le jeu.

### *Support, temps consacré… Comment jouent-ils ?*

Comme les genres de jeux vidéo, les supports sur lesquels jouent les Français sont à même d'expliquer au moins en partie l'ampleur de cette pratique dans le répertoire de loisirs de la population. En effet, interrogés sur les appareils auxquels ils recourent, 85 % des joueurs citent le smartphone ou la tablette (soit des supports mobiles non dédiés), 63 % la console de jeu (qui peut être portable !) et 62 % l'ordinateur (idem).

Le taux de jeu sur support mobile non dédié rejoint ainsi logiquement le taux de pratique du genre roi, le jeu de réflexion, conclusion peu surprenante étant donné l'intrication des deux – un constat supposé a priori mais conforté par les chiffres. Autres clés d'explication de l'hégémonie du smartphone ou de la tablette eux-mêmes comme support principal des joueurs : la couverture quasiment exhaustive de la population[1], la disponibilité de nombreux jeux gratuits, l'aspect nomade du support permettant de jouer dans les moments d'attente et autres interstices, avec une pratique plus distanciée (ce qui n'est pas forcément le contraire d'assidu). A contrario, consoles de

1. Dans l'édition 2022 du « Baromètre du numérique » du Centre de recherche pour l'étude et l'observation des conditions de vie (CRÉDOC) pour le Conseil général de l'économie (CGE), l'Autorité de régulation des communications électroniques, des postes et de la distribution de la presse (Arcep), l'Autorité de régulation de la communication audiovisuelle et numérique (Arcom) et l'Agence nationale de la cohésion des territoires (ANCT), réalisée par téléphone et en ligne auprès d'un échantillon représentatif de 4184 personnes de 12 ans et plus, 87 % des répondants déclaraient posséder un smartphone.

jeu et ordinateurs ont en commun un coût d'entrée beaucoup plus important qu'un appareil mobile déjà présent dans quasiment toutes les poches : le prix de l'équipement, une fonction uniquement dédiée aux jeux vidéo (pour les consoles), des jeux relativement chers à l'unité (entre 60 et 75 euros l'unité pour les superproductions sur console de salon, ce qui correspond au panier moyen en matière de jeu vidéo que les Français comptaient dépenser à Noël en 2018[1]). Pour preuve de ce coût important, le graphique ci-dessous, en provenance du site de Radio France[2], liste les prix des consoles à leur sortie en France (ramenés en euros de 2020), pour un montant moyen oscillant autour de 400 euros et relativement stable par décennie.

1. Fin 2018, 29 % des Français prévoyaient d'acheter des jeux vidéo pour les fêtes de fin d'année, pour un panier moyen de 61 euros. Ifop, « Le jeu vidéo et les Français : un loisir de masse qui s'est banalisé dans les foyers », *ifop.com*, 25 octobre 2018.
2. Olivier Bénis, « Les consoles de jeux vidéo coûtaient-elles vraiment moins cher avant ? », *radiofrance.fr*, 17 septembre 2020.

*Figure 4.*
*Les prix des consoles à leur sortie en France*

Source : *radiofrance.fr*.
Les prix ont été recalculés pour tenir compte de l'inflation entre l'année de sortie de la console et l'année 2020 (réalisé avec l'outil France-inflation).

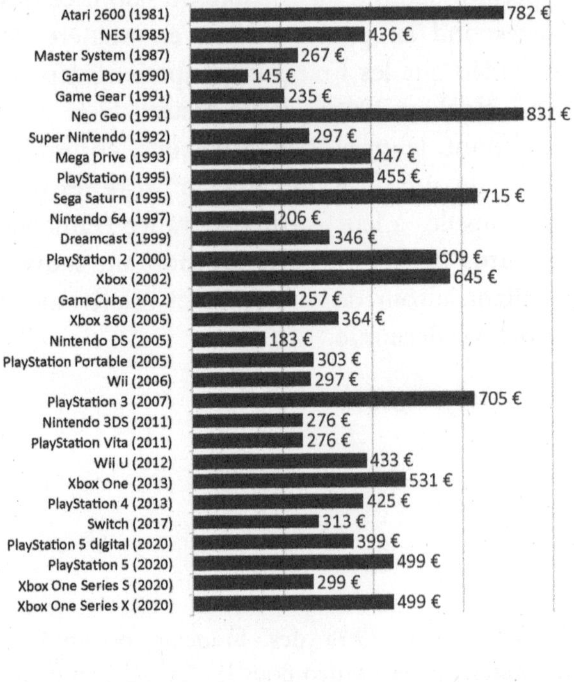


Ces chiffres masquent néanmoins des disparités selon le profil des joueurs. Ainsi, les *hardcore gamers* recourent à tous les supports sans écart important selon leur nature : dans une certaine forme de « tout-venant », ils jouent aussi bien sur smartphone ou tablette (87 %) que sur console (84 %) et ordinateur (74 %). À l'inverse, la pratique des *casual gamers* privilégie le support mobile non dédié (81 %) au net détriment de l'ordinateur (45 %), et surtout de la console de jeu (31 %).

Enfin, la variable temps : hors périodes exceptionnelles (vacances, etc.), les joueurs actifs déclarent des sessions de jeu d'environ deux heures en moyenne – 2 h 34 pour les *hardcore gamers* et 1 h 15 pour les *casuals*. Plus précisément, la durée moyenne d'une session se distribue comme suit : 23 % des joueurs actifs jouent par fenêtre de moins d'une heure (fort logiquement, ce taux grimpe jusqu'à 39 % chez les *casual gamers*), 38 % entre une et deux heures, 22 % entre deux et trois heures et 17 % plus de trois heures (de manière attendue là aussi, jusqu'à 24 % chez les *hardcore gamers*).

*Figure 5.*
*Le temps consacré au jeu vidéo selon le profil de joueur*

Source : enquête Ifop pour GamerTop (2023).
Base : « joueurs actifs », soit 64 % de l'ensemble des Français âgés de 15 ans et plus.

*Question : En moyenne, hors congés et périodes d'inactivité exceptionnelles, combien de temps consacrez-vous à une session de jeu vidéo (du lancement de la partie au passage à une autre activité) ? [Réponses ouvertes, en minutes]*

| | **Ensemble des joueurs actifs** | **Joueurs actifs *hardcore*** | **Joueurs actifs *casual*** |
|---|---|---|---|
| Moins d'une heure | **23 %** | 12 % | 39 % |
| Entre 1 heure et moins de 2 heures | **38 %** | 37 % | 41 % |
| Entre 2 heures et moins de 3 heures | **22 %** | 27 % | 14 % |
| 3 heures et plus | **17 %** | 24 % | 6 % |
| **Total** | **100 %** | **100 %** | **100 %** |
| Durée moyenne | **2 h 02** | 2 h 34 | 1 h 15 |

Avec 79 % d'adeptes parmi les 15 ans et plus, le jeu vidéo apparaît aujourd'hui comme une pratique massivement implantée dans le répertoire de loisirs de la population française. Au demeurant portée par les primats du jeu sur smartphone et du genre

« casse-tête », la pratique des Français se révèle toutefois plus complexe dans la mesure où la plupart des joueurs s'adonnent à plusieurs genres de titre (seul un joueur actif sur cinq ne joue qu'à un seul genre), où les *casual gamers* ne limitent pas leur expérience aux seuls titres les plus « grand public » et où même les *hardcore gamers* donnent dans les jeux « à picorer ».

On ne peut donc pas dire que l'essor du jeu vidéo en France ne soit dû qu'à un gros contingent de « faux *gamers* », pour reprendre l'expression de Shigeru Miyamoto[1], par opposition à des pratiquants beaucoup plus assidus qui, eux, ne représenteraient qu'une part marginale de la population. Autrement dit, tous ceux qui jouent le font « vraiment », d'une manière ou d'une autre. Ceci d'autant plus que cette pratique semble s'insérer de manière cohérente dans le répertoire de loisirs des Français : en effet, la durée moyenne d'une session oscille entre une et deux heures, soit la durée d'un épisode de série télévisée ou d'un film, pour ne citer que ces exemples-là de

1. Dans une vidéo du youtubeur Cyprien, aux côtés de Squeezie, le créateur de *Mario* et *Zelda* tacle avec dérision les deux vidéastes français majeurs en matière de jeu vidéo. Iov, Cyprien (@CyprienGaming). Bigorneaux & Coquillages, « Apprends-nous maître ! – Splatoon », *youtube.com*, 30 juillet 2015.

pratiques culturelles légitimes – on est loin de l'addiction, ou même de l'« intoxication[1] ».

## Profil sociodémographique des joueurs

### *Le jeu vidéo, de 7 à 77 ans*

Reconnu depuis 2006 comme le « dixième art » par le ministère de la Culture français, on aurait pu s'attendre à ce que le jeu vidéo – plus jeune discipline parmi ses pairs – soit l'apanage des jeunes générations. Mais avec huit personnes sur dix qui le pratiquent au sein de la population, impossible que ce loisir ne concerne que les plus jeunes[2]. Au contraire, les jeux vidéo se sont progressivement imposés au sein de la population française en touchant un public toujours plus large avec le vieillissement des premières générations de joueurs. Au point qu'aujourd'hui, quasiment tout

1. Lors d'une prise de parole le 30 juin 2023 à la suite des émeutes consécutives à la mort du jeune Nahel, tué par un tir de policier, Emmanuel Macron a notamment déclaré à propos des émeutiers : « Et on a l'impression parfois que certains d'entre eux vivent dans la rue les jeux vidéo qui les ont intoxiqués. »
2. Arithmétiquement, ça ne colle pas. D'après le recensement de la population de l'Insee, sur l'ensemble des 15 ans et plus, les moins de 25 ans ne représentent qu'à peu près 15 % de la population, les moins de 35 ans moins de 30 % et les moins de 50 ans… à peine plus de la moitié.

le monde joue, que ce soit chez les Français pris dans leur ensemble (on l'a déjà vu)… ou tranche d'âge par tranche d'âge.

*Figure 6.*
*La pratique générale des jeux vidéo selon l'âge*

Source : enquête Ifop pour GamerTop (2023).
Base : ensemble des Français âgés de 15 ans et plus.

*Question : Au cours de votre vie, avez-vous déjà joué à des jeux vidéo, quel que soit le support (ordinateur, console, smartphone, tablette) ? Et au cours des trois derniers mois, à quelle fréquence avez-vous joué à des jeux vidéo ?*

| | **Ensemble** | **15-17 ans** | **18-24 ans** | **25-34 ans** | **35-49 ans** | **50-64 ans** | **65 ans et plus** |
|---|---|---|---|---|---|---|---|
| **Total Joueurs** | **79 %** | **93 %** | **93 %** | **89 %** | **90 %** | **76 %** | **57 %** |
| . Sous-total Joueurs actifs | **64 %** | 87 % | 85 % | 77 % | 73 % | 57 % | 41 % |
| … *Joueurs quotidiens* | **16 %** | *27 %* | *21 %* | *18 %* | *19 %* | *15 %* | *10 %* |
| .. *Joueurs hebdomadaires* | **25 %** | *43 %* | *40 %* | *34 %* | *28 %* | *20 %* | *13 %* |
| .. *Joueurs trimestriels* | **22 %** | *18 %* | *24 %* | *24 %* | *26 %* | *22 %* | *18 %* |
| . Joueurs inactifs | **15 %** | 5 % | 7 % | 13 % | 17 % | 19 % | 16 % |
| **Non-joueurs** | **21 %** | **7 %** | **7 %** | **11 %** | **10 %** | **24 %** | **43 %** |
| **Total** | **100 %** | **100 %** | **100 %** | **100 %** | **100 %** | **100 %** | **100 %** |

N.B. : En raison des arrondis, les totaux peuvent dévier de 1 % par rapport à la somme des parties dans les tableaux de l'ouvrage.

Dans toutes les tranches d'âge étudiées, la proportion de joueurs tutoie les 90 % ou les dépasse, à l'exception des 50 ans et plus, où les taux s'effondrent mais demeurent majoritaires : 76 % de joueurs chez les 50-64 ans, 57 % chez les 65 ans et plus. Logique similaire avec les joueurs actifs, présents à plus de 85 % au sein des moins de 25 ans, à plus de 70 % chez les 25-49 ans, et à tout de même 57 % chez les 50-64 ans et à 41 % chez les 65 ans et plus. Aujourd'hui, le jeu vidéo s'est donc installé dans toutes les générations et occupe jusqu'aux plus anciens, à l'image de Germaine, 94 ans et sacrée championne de *Street Fighter*[1] en 2023.

Si la pratique du jeu vidéo s'avère répandue dans quasiment toutes les tranches d'âge, ses modalités se révèlent cependant variables au sein de la catégorie des joueurs. Ainsi, les plus jeunes affichent une pratique plus intense, tant en fréquence qu'en durée. En matière de rythme, parmi les 15-17 ans, 29 % déclarent jouer quotidiennement, contre 23 % chez les 18-24 ans, 20 % à 21 % de 25

1. Elle a été sacrée lors d'un tournoi intergénérationnel porté par plusieurs résidences seniors, sous le patronage de la joueuse professionnelle Kayane. @franceinfo, « "Let's go Germaine!" À 94 ans, Germaine vient de remporter sa première compétition d'*e-sport* sur le jeu vidéo "Street Fighter"… », *twitter.com*, 27 novembre 2023.

à 64 ans et 18 % chez les 65 ans et plus. Côté fréquence, les moins de 35 ans déclarent des sessions de jeu de 2h32 en moyenne (avec un pic à 2h44 chez les 25-34 ans), contre 1h53 chez les 35-49 ans, 1h52 chez les 50-64 ans et 1h23 chez les 65 ans et plus. Derrière cette litanie de chiffres, un constat assez simple : plus on est jeune, plus on joue, et les anciens qui jouent, bien qu'ils le fassent moins, font montre d'une assiduité loin d'être anecdotique.

Cette différence d'intensité de la pratique du jeu vidéo parmi les joueurs en fonction de leur âge peut s'expliquer par le roulement des générations, les premiers joueurs de l'histoire ayant vieilli, eu eux-mêmes des enfants, etc. Il serait toutefois réducteur d'établir une simple équation « jeune loisir = loisir de jeune », surtout au vu de l'évolution de l'offre vidéoludique par rapport aux contingences de la vie quotidienne et de l'économie de l'attention. D'une part car il devient de plus en plus long de voir le bout des superproductions du secteur : les jeux vidéo dits « narratifs », dans une forme où les nombreuses scènes « non jouées » rappellent le cinéma ou la série télévisée, participent à allonger l'expérience, de même que les titres « en monde ouvert » (*open world*), où le joueur est invité à arpenter un territoire aussi vaste que fourni en interactions. « Platiner[1] » un jeu, c'est-à-dire le terminer à 100 % dans tout ce qu'il a à offrir, même dans ses dimensions les plus annexes, devient ainsi de plus en plus chronophage et de moins en moins compatible avec un emploi du temps occupé par une activité professionnelle, la parentalité… ou même des loisirs concurrents. À cette dimension de temps disponible pur s'ajoute une régularité de pratique exigée par certains types de jeux, des plus compétitifs, qui requièrent un investissement en temps important pour devenir bon, aux jeux « à saisons », qui font l'objet de mises à jour et de contenus additionnels réguliers et astreignent les joueurs à l'assiduité pour se maintenir au courant des évolutions des règles du jeu et se rendre disponibles au moment des événements organisés à date donnée. Jouer devient donc de plus en plus coûteux en temps, ce qui concourt à expliquer le plus faible taux de jeu dans certaines tranches d'âge. Le jeu vidéo est également vu comme un loisir adolescent,

1. Terme provenant de l'écosystème de Sony où des « trophées » sont décernés au joueur dès qu'il accomplit une action prédéterminée. L'acquisition de toutes les récompenses (qui existent dans d'autres écosystèmes) par le joueur lui permet d'obtenir le trophée « platine », preuve qu'il a extrait le potentiel ludique du titre jusqu'à la dernière goutte.

et les joueurs, en prenant de l'âge, peuvent aussi avoir tendance à délaisser cette pratique parce que vue comme trop puérile.

### *Après l'âge, quid du genre ?*

Si nous venons de voir que l'on joue aux jeux vidéo de 7 à 77 ans, qu'en est-il de la proportion hommes-femmes dans la pratique de ce loisir ? Plus encore qu'au sein des représentations liées à l'âge, qui voudraient que le jeu vidéo soit avant tout un loisir pour les plus jeunes – une préconception faussée puisque le roulement des générations fait que les jeunes ne sont pas seuls à jouer, on l'a vu – les représentations majoritaires autour de ce médium ont tendance à se focaliser principalement sur les hommes. Protagonistes des jeux, personnes derrière leur conception, public cible dans la publicité et influenceurs sont en effet la plupart du temps de genre masculin. Bref, où sont les femmes dans le jeu vidéo ? Réponse simple : elles sont là, et en nombre… car il n'y a pas de différence significative entre hommes et femmes dans le fait d'avoir déjà joué à un jeu vidéo.

*Figure 7.*
*La pratique générale des jeux vidéo selon le genre*

Source : enquête Ifop pour GamerTop (2023).
Base : ensemble des Français âgés de 15 ans et plus.

*Question : Au cours de votre vie, avez-vous déjà joué à des jeux vidéo, quel que soit le support (ordinateur, console, smartphone, tablette) ? Et au cours des trois derniers mois, à quelle fréquence avez-vous joué à des jeux vidéo ?*

| | **Ensemble des Français** | **Hommes** | **Femmes** |
|---|---|---|---|
| **Total Joueurs** | **79 %** | **81 %** | **77 %** |
| . Sous-total Joueurs actifs | **64 %** | 66 % | 62 % |
| .. *Joueurs quotidiens* | **16 %** | *18 %* | *15 %* |
| .. *Joueurs hebdomadaires* | **25 %** | *27 %* | *24 %* |
| .. *Joueurs trimestriels* | **22 %** | *21 %* | *24 %* |
| . Joueurs inactifs | **15 %** | 15 % | 15 % |
| **Non-joueurs** | **21 %** | **19 %** | **23 %** |
| **Total** | **100 %** | **100 %** | **100 %** |

N.B. : En raison des arrondis, les totaux peuvent dévier de 1 % par rapport à la somme des parties dans les tableaux de l'ouvrage.

Alors que 79 % des Français de 15 ans et plus disent avoir déjà joué au cours de leur vie, cette proportion s'établit à respectivement 81 % chez les hommes et 77 % chez les femmes. L'écart est tout aussi ténu chez les joueurs actifs, c'est-à-dire ceux ayant pratiqué au cours des trois derniers mois : 64 % au global, pour 66 % chez les hommes et 62 % chez les femmes. Ces dernières jouent donc quasiment autant que les premiers. On pourrait d'ailleurs pousser la démonstration jusqu'à raisonner non en « pénétration » (pour chaque genre, quelle proportion joue) mais en « composition » (parmi ceux qui jouent, combien appartiennent à tel ou tel genre) : dans ce cas-là, les femmes étant légèrement plus nombreuses que les hommes dans la population (52 % contre 48 % dans la population de 15 ans et plus), elles sont majoritaires… aussi bien chez les joueurs au sens large (51 %) que chez les joueurs actifs (50 % et des poussières). Reprenons et tordons le cou aux clichés : dans les pays européens étudiés, les femmes jouent à peu près autant que les hommes ; en France, elles sont même légèrement plus nombreuses que ces derniers dans la pratique !

*Figure 8.*
*La pratique générale des jeux vidéo selon le genre (données en composition)*

Source : enquête Ifop pour GamerTop (2023).
Base : ensemble des Français âgés de 15 ans et plus.

*Question : Au cours de votre vie, avez-vous déjà joué à des jeux vidéo, quel que soit le support (ordinateur, console, smartphone, tablette) ? Et au cours des trois derniers mois, à quelle fréquence avez-vous joué à des jeux vidéo ?*

| | **Hommes** | **Femmes** | **Total** |
|---|---|---|---|
| **Ensemble des Français** | **48 %** | **52 %** | **100 %** |
| **Total Joueurs** | **49 %** | **51 %** | **100 %** |
| . Joueurs actifs | 50 % | 50 % | 100 % |
| . Joueurs inactifs | 47 % | 53 % | 100 % |
| **Non-joueurs** | **43 %** | **57 %** | **100 %** |

Au-delà de cette simple comptabilité qui permet de constater le caractère totalement paritaire de la pratique du jeu vidéo, on relève toutefois des différences affirmées dans les modalités de cette pratique selon le genre. Les hommes joueurs, par exemple, déclarent une fréquence de jeu plus soutenue (56 % jouent au moins une fois par semaine, contre 50 % des femmes), recourent davantage à la console de jeu (67 % contre 58 %) ou l'ordinateur (68 % contre 56 %), pour des sessions plus longues (2h09 chez les joueurs actifs, contre 1h56) et surtout des genres différents : principalement les jeux de sport, de tir, de combat, action-aventure, jeu de rôle solo, MMORPG et stratégie (11 à 25 points d'écart selon les items). En comparaison, les femmes joueuses rendent compte d'une pratique plus intermittente (30 % jouent moins d'une fois par semaine, contre 26 % chez les hommes), privilégient smartphone ou tablette (89 % contre 81 %) et ne pratiquent que trois genres davantage que les hommes : les jeux de réflexion ou casse-tête (84 % contre 75 %), les jeux de simulation (44 % contre 41 %) et les jeux musicaux (28 % contre 23 %).

Ces énumérations de critères dessinent néanmoins le portrait de joueuses à la pratique davantage distanciée que celle des hommes. Distanciée par la fréquence et la durée des sessions, certes, mais aussi en matière de genres puisqu'il existe dans les représentations de la communauté du *gaming* une hiérarchie entre ceux-ci. Or, les genres davantage cités par les femmes sont ceux le plus associés à une pratique distante, voire dilettante : celle du *casual gamer*, le joueur du dimanche. Certains y verraient la preuve que, si les femmes jouent autant que les hommes, elles jouent moins « bien » : moins assidûment, moins sérieusement. Au-delà du questionnement des hiérarchies qui se sont construites dans le référentiel d'une part importante des *gamers* revendiqués, postuler une pratique dévalorisée du jeu vidéo par les femmes reviendrait à omettre deux éléments. D'une part, jouer... c'est jouer, et attribuer une valeur différente selon telle ou telle pratique répond à un système de valeur qui n'a rien d'absolu ni d'évident. D'autre part, à la lumière des pourcentages énumérés ci-avant, on observe que les genres davantage pratiqués par les femmes et réputés « *casual* »... le sont à peu près autant par les joueurs hommes. Ainsi, si les femmes déclarent une pratique certes moins assidue, les hommes ne sont définitivement pas beaucoup moins *casual* que celles-ci !

### *Genre des joueurs et genre des jeux*

Nous venons de passer en revue les genres de jeux vidéo pratiqués par les hommes et les femmes, mais les résultats peuvent être lus dans l'autre sens, non plus sous le prisme du genre des joueurs mais sous celui des jeux eux-mêmes. Le tableau ci-dessous nous permet ainsi de mesurer si les genres de jeux vidéo possèdent chacun des caractéristiques propres au point d'attirer des publics particuliers.

*Figure 9.*
*Les genres de jeux vidéo pratiqués selon le sexe*

Source : enquête Ifop pour GamerTop (2023).
Base : « joueurs », soit 79 % de l'ensemble des Français âgés de 15 ans et plus.

*Question : Au cours de votre vie, avez-vous joué aux types ou genres de jeux vidéo suivants ?*
*Oui, au cours des trois derniers mois/Oui, mais pas ces trois derniers mois/Non, jamais.*

| Réponses « Oui » | Ensemble des Français | Hommes | Femmes |
|---|---|---|---|
| Des jeux de réflexion ou casse-tête | 80 % | 75 % | 84 % |
| Des jeux de plateforme | 63 % | 62 % | 64 % |
| Des jeux d'action-aventure | 43 % | 52 % | 34 % |
| Des jeux de simulation | 42 % | 41 % | 44 % |
| Des jeux de tir | 39 % | 52 % | 27 % |
| Des jeux de combat | 38 % | 47 % | 29 % |
| Des jeux de sport | 38 % | 50 % | 25 % |
| Des jeux de stratégie | 33 % | 41 % | 25 % |
| Des jeux de rôle solo | 30 % | 36 % | 23 % |
| Des jeux de rôle en ligne multijoueurs | 26 % | 32 % | 21 % |
| Des jeux musicaux | 25 % | 23 % | 28 % |
| **Total** | **>100 %** | **>100 %** | **>100 %** |

N.B. : les totaux des colonnes sont supérieurs à 100 car les répondants ont pu citer plusieurs items à la fois.

Comme évoqué précédemment, on remarque qu'hormis une poignée de genres qui attirent autant si ce n'est plus de joueuses femmes que d'hommes (les jeux de réflexion, de plateforme, de simulation et musicaux), ces derniers se montrent davantage consommateurs de tous les autres genres testés, au point de constituer la nette majorité des joueurs dans chacun de ces genres-là.

L'étude de la consommation de chaque genre en fonction de l'âge aide quant à elle à isoler deux genres en particulier, les casse-tête et la plateforme, comme des catégories « universelles » seules aptes à dépasser les clivages d'âge : leurs adeptes sont à la fois paritaires et présents dans presque toutes les générations. A contrario, les autres genres, parmi lesquels les jeux de tir et les MMORPG, montrent un important décrochage chez les joueurs plus âgés, d'abord à partir de 35 puis de 50 ans.

*Figure 10.*
*Les genres de jeux vidéo pratiqués selon l'âge*

Source : enquête Ifop pour GamerTop (2023).
Base : « joueurs », soit 79 % de l'ensemble des Français âgés de 15 ans et plus.

*Question : Au cours de votre vie, avez-vous joué aux types ou genres de jeux vidéo suivants ? [Liste des items ci-dessous non exhaustive]*
*Oui, au cours des trois derniers mois/Oui, mais pas ces trois derniers mois/Non, jamais.*

| **Réponses « Oui »** | **Ensemble** | **15-17 ans** | **18-24 ans** | **25-34 ans** | **35-49 ans** | **50-64 ans** | **65 ans et plus** |
|---|---|---|---|---|---|---|---|
| Des jeux de réflexion ou casse-tête | 80 % | 71 % | 81 % | 81 % | 85 % | 80 % | 71 % |
| Des jeux de plateforme | 63 % | 83 % | 79 % | 81 % | 74 % | 53 % | 27 % |
| Des jeux de tir | 39 % | 58 % | 62 % | 57 % | 39 % | 31 % | 14 % |
| Des jeux de rôle en ligne multijoueurs | 26 % | 48 % | 42 % | 40 % | 29 % | 17 % | 6 % |
| **Total** | **>100 %** | **>100 %** | **>100 %** | **>100 %** | **>100 %** | **>100 %** | **>100 %** |

N.B. : les totaux des colonnes sont supérieurs à 100 car les répondants ont pu citer plusieurs items à la fois.

Mais hormis ces constatations globales liées au genre et aux écarts générationnels, il ressort des données de la vaste enquête Ifop pour GamerTop (environ 5 000 interviewés au total) que les différents genres de jeu, avec certes un « taux de pénétration » variable au sein de la population des joueurs, n'apparaissent pas particulièrement typés ou avec des structures sociodémographiques différentes. Par exemple, tel ou tel genre n'attire pas davantage telle ou telle tranche d'âge par rapport à un autre, etc. Mis à part les catégories de jeux « universelles », c'est-à-dire les plus accessibles (casse-tête) et familiaux (plateforme), la ressemblance de la pyramide des âges des joueurs de chaque genre suggère une conclusion, déjà tirée plus haut mais ici confortée : la pratique du jeu vidéo apparaît fondamentalement comme une pratique éclectique, où joueuses et joueurs explorent une palette de genres sans que, en se limitant à un seul, ils lui donnent une coloration sociologique particulière.

### *Le jeu vidéo, un loisir de « prolo » ?*

Bien que très largement répandue dans la population, on a vu que la pratique du jeu vidéo au sens strict était principalement différenciée en termes générationnels (avant et après 50 ans). Dans le détail, on a également observé des variations selon le genre des joueurs et des jeux consommés. Or, au fil de l'analyse des données à notre disposition, force est de constater que le jeu vidéo est un loisir également corrélé à la catégorie socioéconomique des individus.

En effet, les catégories socioprofessionnelles inférieures affichent une assiduité à l'égard du jeu vidéo supérieure à celle des « CSP+ ». Déjà, sur l'ensemble des Français âgés de 15 ans et plus, 25 % des ouvriers déclarent jouer quotidiennement, contre 17 % des cadres et professions intellectuelles supérieures (pour une proportion de « joueurs » cependant égale, à 73 %). Chez les joueurs actifs, la durée moyenne d'une session s'élève à 2 h 36 chez les employés (« seulement » 2 h 04 chez les ouvriers), contre 1 h 44 chez les cadres.

Sur le plan économique, plus nette encore apparaît la corrélation entre pratique du jeu vidéo et niveau de vie, c'est-à-dire le revenu du foyer divisé par le nombre de personnes y vivant : en replaçant la focale sur l'ensemble des Français, de manière linéaire, on observe une pratique quotidienne du jeu vidéo chez les plus pauvres (19 %) qui décroît à mesure qu'on grimpe l'échelle des revenus ; 18 % chez les modestes, 17 % chez les classes moyennes inférieures, 15 % chez les classes moyennes supérieures et 13 % chez les aisés. Même observation pour la durée moyenne d'une session de jeu, pour les joueurs actifs, avec deux extrêmes : 2 h 33 chez les plus pauvres, contre 1 h 29 chez les plus aisés.

La consommation des différents genres de jeu vidéo montre, elle aussi, une appétence plus forte pour ce loisir à mesure que l'on descend l'échelle socioéconomique. Ainsi, plus on va vers les catégories de population les plus précaires économiquement, plus le taux de pratique des genres testés croît, et ce pour tous les items testés, à l'exception notable des catégories « universelles » (qui démontrent là, encore une fois, leur singularité) : les joueurs dans leur ensemble déclaraient déjà une pratique « attrape-tout », les plus précaires le font encore davantage ! Ci-dessous, afin d'illustrer cette tendance, nous reprenons l'exemple des jeux de tir et des MMORPG (de plus en plus cités en descendant l'échelle), par contraste avec les catégories universelles que sont les casse-tête et les jeux de plateforme (stables).

*Figure 11.*
*Les genres de jeux vidéo pratiqués selon le niveau de vie*

Source : enquête Ifop pour GamerTop (2023).
Base : « joueurs », soit 79 % de l'ensemble des Français âgés de 15 ans et plus.

*Question : Au cours de votre vie, avez-vous joué aux types ou genres de jeux vidéo suivants ? [Liste des items ci-dessous non exhaustive]*
*Oui, au cours des trois derniers mois/Oui, mais pas ces trois derniers mois/Non, jamais.*

| Réponses « Oui » | Ensemble des joueurs | Cat. aisée (plus de 2500 €) | Classe moy. sup. (1900 à 2500 €) | Classe moy. inf. (1300 à 1900 €) | Cat. modeste (900 à 1300 €) | Cat. pauvre (moins de 900 €) |
|---|---|---|---|---|---|---|
| Des jeux de réflexion ou casse-tête | 80 % | 77 % | 81 % | 81 % | 81 % | 79 % |
| Des jeux de plateforme | 63 % | 55 % | 62 % | 59 % | 66 % | 69 % |
| Des jeux de tir | 39 % | 32 % | 37 % | 38 % | 40 % | 47 % |
| Des jeux de rôle en ligne multijoueurs | 26 % | 19 % | 22 % | 24 % | 29 % | 35 % |
| **Total** | **>100 %** | **>100 %** | **>100 %** | **>100 %** | **>100 %** | **>100 %** |

N.B. : les totaux des colonnes sont supérieurs à 100 car les répondants ont pu citer plusieurs items à la fois.

Oui, le jeu vidéo est un loisir « prolo ». Ou, plus exactement, « davantage prolo », car les autres catégories socioéconomiques, bien qu'elles déclarent une pratique moins assidue, sont loin de laisser l'exclusivité de ce loisir aux plus précaires. Attention toutefois à ne pas ignorer le poids de la variable la plus lourde et la plus déterminante dans la pratique du jeu vidéo : l'âge. Car derrière des critères tels que la catégorie socioprofessionnelle ou le niveau de vie, l'âge se cache, tapi dans l'ombre : les plus âgés ayant bâti une carrière professionnelle et un patrimoine se trouvent sur-représentés parmi les plus aisés, et les plus jeunes qui commencent dans la vie active sont parmi les plus précaires. Ainsi, la corrélation entre catégorie socioéconomique et pratique du jeu vidéo se trouve atténuée lorsqu'on nivelle les effets d'âge. Atténuée, mais pas annulée, car la vision du jeu vidéo comme une activité infantile et improductive, encore largement répandue, contribue sans doute à sa décrédibilisation dans les milieux à fort capital culturel et économique. Oui, le jeu vidéo est un loisir « davantage prolo ».

### *Et la politique dans tout ça ?*

Genre, âge, catégorie socioprofessionnelle… Autant de variables lourdes qui influent sur la pratique du jeu vidéo, nous venons de le voir, soit dans son taux de pratique soit dans les modalités plus détaillées de celle-ci. Mais la pratique du jeu vidéo peut-elle être aussi lue sous le prisme du positionnement politique des Français ? Car cette industrie, comme l'ensemble de la filière culturelle, est évidemment traversée par ces questions – notamment les procès en gauchisme de la part de la frange la plus réactionnaire des joueurs. Par ailleurs, on recense au sein de la classe politique française un certain nombre d'exemples d'usage du jeu vidéo comme un moyen de s'adresser à l'électorat à la fois le plus valorisé et le moins participationniste : les jeunes.

Au cours de la campagne de l'élection présidentielle de 2017, des militants de La France insoumise ont ainsi établi leurs quartiers numériques sur le réseau de messagerie Discord, dédié au jeu vidéo. Le groupe de bénévoles, adoubé par Jean-Luc Mélenchon, a même développé un jeu mettant en scène le candidat à l'assaut des « oligarques » : *Fiscal Kombat* – qui connaîtra une mise à jour lors des élections européennes de 2019 avec Manon Aubry pour héroïne. À l'époque, Manuel Bompard résume ainsi le principe du jeu : « Vous incarnerez notre candidat, vous organiserez le partage des richesses en récupérant l'argent de ceux qui l'ont confisqué »… dont François Fillon. Durant la même campagne, Florian Philippot, alors numéro deux du

Front national, se lance sur YouTube et tente de s'attirer la sympathie du forum « 18-25 » du site jeuxvideo.com, réputé pour sa viralité et ses campagnes de harcèlement numérique[1], en reprenant certains de ses codes. Plus tard, c'est le président réélu Emmanuel Macron qui invitera le *streamer* ZeratoR pour célébrer opportunément l'*e-sport* français, juste avant les élections législatives de 2022, à haut risque pour la majorité présidentielle.

Quand on se penche sur la pratique réelle du jeu vidéo pour savoir quel segment politique joue plus ou moins que les autres, on observe avant tout un taux de joueurs plus important chez les sympathisants de La France insoumise (LFI, 87 %, contre 79 % chez l'ensemble des 15 ans et plus, rappelons-le), ceux des Écologistes (ex-EÉLV, 91 %) et ceux du Rassemblement national (83 %). Il n'aura pas échappé aux fins connaisseurs de sociologie électorale que ces trois partis sont ceux qui possèdent la démographie de sympathisants la plus jeune : en

1. Le poids de « la culture Internet », des dérives parmi lesquelles le forum « 18-25 ans » de Jeuxvideo.com constitue l'un des avatars français les plus notables, mériterait un ouvrage à lui seul, tant ce genre de « couveuse à polémiques » a pu avoir des conséquences sur le débat public, par exemple l'héroïsation de Didier Raoult lors de la crise sanitaire.

effet, ce sont les trois seuls au sein desquels la proportion de sympathisants âgés de moins de 35 ans dépasse les 20 % (données en composition) – en particulier chez LFI, avec quasiment le double de jeunes dans ses rangs. A contrario, les proches de Renaissance se distinguent à la fois par le plus faible taux de joueurs parmi les partis politiques – derrière Les Républicains y compris (72 % contre 76 %) –, mais aussi par la plus forte proportion de joueurs, certes, mais inactifs au cours des trois derniers mois (19 %, contre 15 % en moyenne). Comme si, à force de vieillir, cet électorat avait oublié ce qu'était jouer, et ses rêves avec.

*Figure 12.*
*La pratique générale des jeux vidéo selon la proximité politique*

Source : enquête Ifop pour GamerTop (2023).
Base : ensemble des Français âgés de 15 ans et plus.

*Question : Au cours de votre vie, avez-vous déjà joué à des jeux vidéo, quel que soit le support (ordinateur, console, smartphone, tablette) ? Et au cours des trois derniers mois, à quelle fréquence avez-vous joué à des jeux vidéo ?*

| | Ens. | Sym. LFI | Sym. PS | Sym. ÉÉLV | Sym. Ren. | Sym. LR | Sym. Rec. | Sym. RN | Sans sym. |
|---|---|---|---|---|---|---|---|---|---|
| **Total Joueurs** | **79 %** | **87 %** | **75 %** | **91 %** | **72 %** | **76 %** | **77 %** | **83 %** | **75 %** |
| . Sous-total Joueurs actifs | 64 % | 72 % | 62 % | 74 % | 53 % | 58 % | 63 % | 65 % | 61 % |
| *.. Joueurs quotidiens* | *16 %* | *19 %* | *14 %* | *18 %* | *14 %* | *12 %* | *15 %* | *17 %* | *16 %* |
| *.. Joueurs hebdomadaires* | *25 %* | *33 %* | *22 %* | *30 %* | *19 %* | *24 %* | *27 %* | *26 %* | *23 %* |
| *.. Joueurs trimestriels* | *22 %* | *19 %* | *25 %* | *25 %* | *20 %* | *22 %* | *22 %* | *22 %* | *22 %* |
| . Joueurs inactifs | 15 % | 15 % | 13 % | 17 % | 19 % | 18 % | 14 % | 18 % | 14 % |
| **Non-joueurs** | **21 %** | **13 %** | **25 %** | **9 %** | **28 %** | **24 %** | **23 %** | **17 %** | **25 %** |
| **Total** | **100 %** | **100 %** | **100 %** | **100 %** | **100 %** | **100 %** | **100 %** | **100 %** | **100 %** |

N.B. : en raison des arrondis, les totaux peuvent dévier de 1 % par rapport à la somme des parties.

Si la pratique générale des jeux vidéo semble donc, même sous le prisme politique, entièrement corrélée à l'âge – avec un déficit de pratique chez les électorats les plus âgés –, l'étude des genres privilégiés par tel ou tel groupe de sympathisants permet-elle d'isoler des goûts qui seraient propres à une famille politique ? À défaut de *Jean-Marie Le Pen gaming*[1], existe-t-il donc un « Marine Le Pen *gaming* », un « Jean-Luc Mélenchon *gaming* » ou encore un « Emmanuel Macron *gaming* » ? Dans les faits, on observe une nette sur-représentation des sympathisants de La France insoumise dans tous les genres, indice d'une pratique plus assidue du jeu vidéo en général, comme observé plus haut. Pour l'anecdote[2], on relève aussi une surpratique

1. Du nom d'une série de vidéos humoristiques du vidéaste Ganesh2, où celui-ci passe en revue des jeux vidéo en imitant la voix et les dérapages du fondateur du Front national. David, de la chaîne Ganesh2, « Jean-Marie Le Pen gaming », *youtube.com*, 6 janvier 2015.

2. Dans un genre à peu près aussi insolite, on pourra citer le sondage Ifop pour *Metronews* réalisé au moment de la sortie du jeu *Pokémon GO*, qui montrait qu'au moment de désigner leur Pokémon préféré, les sympathisants d'Europe Écologie Les Verts citaient davantage que la moyenne Bulbizarre, le Pokémon graine ; ceux du Front national Mewtwo, le Pokémon génétique ; et

des jeux de simulation (type *Les Sims*) chez les proches des Écologistes (pour 48 % d'entre eux, contre 42 % chez l'ensemble des joueurs) et des jeux de tir chez les sympathisants du Rassemblement national (41 %, contre 39 % en moyenne) et de Reconquête (44 %).

Hormis ces quelques observations, on ne constate donc pas de tropisme politique dans le seul fait de jouer à des jeux vidéo en général ou à un genre en particulier (mais pas dans le contenu même des jeux ou les questions qui l'entourent, *cf.* la partie sur les mobilisations rétrogrades dans le domaine du jeu vidéo). Autrement formulé, l'obédience politique ne constitue pas de facteur discriminant dans le fait de jouer. Preuve ultime en est la répartition de la proximité politique (la formation dont on se sent le plus proche) de l'ensemble de la population comparée à celle de tel ou tel profil de joueurs : celle-ci reste à peu près la même, qu'on soit joueur, joueur actif ou joueur quotidien.

---

ceux du Modem Ronflex, le Pokémon « pionceur ». Ifop, « Les Français et la sortie de Pokémon GO », *ifop.com*, 1er août 2016.

*Figure 13.*
*La proximité politique*
*selon la pratique générale des jeux vidéo*

Source : enquête Ifop pour GamerTop (2023).
Base : ensemble des Français âgés de 18 ans et plus.

*Question : De laquelle des formations politiques suivantes vous sentez-vous le plus proche ou disons le moins éloigné(e) ? [Liste des items ci-dessous non exhaustive]*

| **Réponses « Oui »** | **Ensemble des Français** | **Joueurs** | **Joueurs actifs** | **Joueurs actifs quotidiens** |
|---|---|---|---|---|
| La France insoumise | 6 % | 7 % | 7 % | 7 % |
| Parti socialiste | 7 % | 7 % | 7 % | 7 % |
| Europe Écologie Les Verts | 5 % | 6 % | 6 % | 6 % |
| Renaissance (ex-LREM) | 8 % | 7 % | 7 % | 7 % |
| Les Républicains | 6 % | 6 % | 6 % | 4 % |
| Reconquête | 3 % | 3 % | 3 % | 2 % |
| Rassemblement national | 16 % | 16 % | 15 % | 16 % |
| Sans sympathie partisane | 35 % | 31 % | 30 % | 30 % |
| **Total** | **<100 %** | **<100 %** | **<100 %** | **<100 %** |

N.B. : les totaux des colonnes sont inférieurs à 100 car tous les items proposés aux répondants ne sont pas présentés dans le tableau. Par ailleurs, la question de proximité politique étant posée uniquement aux majeurs, seules les réponses de ceux-ci figurent dans le tableau.

Les tentatives de récupération politique du *gaming* semblent donc pour le moment relativement vaines, soit qu'elles prêchent déjà des convertis comme le cas d'électorats jeunes donc plus pratiquants (*cf.* La France insoumise), soit qu'elles s'adressent à des segments de la population trop éloignés ou réfractaires à la ligne politique portée. Des tentatives d'autant plus infructueuses (et tant pis pour Denis Masséglia, député Renaissance et défenseur du jeu vidéo) qu'en parallèle d'annonces très positives pour le jeu vidéo, son industrie, et ses joueurs, Emmanuel Macron tombe dans le piège de tenir ce loisir pour responsable des violences lors des émeutes de l'été 2023.

Une consommation généralisée au sein de la population, avec 79 % de joueurs et 64 % actifs au cours des trois derniers mois ; une pratique quantitativement dominée par des jeux accessibles pour des sessions à la durée proche des autres loisirs (séries, films) ; un net clivage d'âge avec une chute de la pratique après 50 ans ; des clivages de genre et de catégorie socioprofessionnelle qui ne se font jour qu'en entrant dans les modalités précises de l'exercice de la pratique. Voilà les principaux enseignements de cette première partie sur la sociologie « brute » des joueurs français de jeu vidéo, qui dessine également en creux le portrait des non-joueurs. Une fois toutes leurs caractéristiques sociodémographiques mises à plat, il en ressort que ce sont... les plus âgés : alors que les 65 ans et plus représentent environ 24 % de la population française de 15 ans et plus, ils pèsent pour moitié (51 %) de la cohorte des non-joueurs.

C'est donc globalement un loisir qui a conquis l'immense majorité des Français et irrigue toutes les catégories de population de manière significative, même celles où on pourrait l'attendre absent, comme les plus âgés ou les catégories qui se confondent avec cette strate (électorats conservateurs, etc.) À noter que ce panorama de la pratique du jeu vidéo en France s'appuie sur une définition aussi large qu'objective de cette activité – celle choisie dans le cadre de cet ouvrage –, à savoir une réponse affirmative à la question « Au cours de votre vie, avez-vous déjà joué à des jeux vidéo, quel que soit le support (ordinateur, console, smartphone, tablette) ? » Les différences de sociologie des adeptes de jeux vidéo se retrouvent toutefois exacerbées dès lors qu'on épouse la conception plus restrictive des prescripteurs dans ce domaine – *hardcore* versus *casual gaming* –, comme le montre le tableau ci-dessous. Comme quoi, en matière de chiffres, il est toujours capital de savoir de qui on parle et selon quels termes.

*Figure 14.*
*Zoom sur le profil des Français(es) ayant une pratique assidue des jeux vidéo selon le sexe et l'âge*

Source : enquête Ifop pour GamerTop (2023).
Base : ensemble des Français âgés de 15 ans et plus.

| | Ensemble | Hommes | Femmes | 15-17 ans | 18-24 ans | 25-34 ans | 35-49 ans | 50-64 ans | 65 ans et plus |
|---|---|---|---|---|---|---|---|---|---|
| **Total Joueurs *hardcore*** | **44%** | **53%** | **36%** | **74%** | **72%** | **64%** | **53%** | **36%** | **15%** |
| . Sous-total Joueurs *hardcore* actifs | 38% | 47% | 31% | 70% | 67% | 57% | 45% | 29% | 12% |
| .. *Joueurs* hardcore *hebdomadaires* | *28%* | *35%* | *21%* | *63%* | *52%* | *43%* | *31%* | *20%* | *8%* |
| .. *Joueurs* hardcore *non hebdomadaires* | *10%* | *11%* | *10%* | *7%* | *15%* | *15%* | *14%* | *10%* | *4%* |
| . Sous-total Joueurs *hardcore* inactifs | 6% | 6% | 5% | 4% | 6% | 7% | 8% | 6% | 3% |
| **Joueurs *casual*** | **35%** | **28%** | **41%** | **18%** | **20%** | **25%** | **37%** | **40%** | **42%** |
| **Non-joueurs** | **21%** | **19%** | **23%** | **7%** | **7%** | **11%** | **10%** | **24%** | **43%** |
| **Total** | **100%** | **100%** | **100%** | **100%** | **100%** | **100%** | **100%** | **100%** | **100%** |

N.B. : en raison des arrondis, les totaux peuvent dévier de 1 % par rapport à la somme des parties.

# Les jeux vidéo comme espace de sociabilité

## Contexte : la place du « multijoueur » dans les jeux vidéo

Loin de constituer un loisir intrinsèquement solitaire, le jeu vidéo propose depuis ses origines la possibilité de jouer à plusieurs. C'est notamment le cas dès *Tennis for Two* en 1958, ou plus tard le célèbre *Pong*, en 1972, premier succès grand public pour un jeu vidéo et simulateur rudimentaire… de tennis de table, qui se joue donc nécessairement à deux. L'exemple n'est d'ailleurs pas anodin puisque *Pong* a été commercialisé sous forme de « borne d'arcade », c'est-à-dire un appareil équipé d'un monnayeur et proposé en libre-service dans des lieux publics comme les centres commerciaux et les bars, dans le prolongement du flipper, icône de la seconde moitié du XXe siècle. Des lieux ouverts, comme les « salles d'arcade » spécialisées dans ce type de bornes, qui constituent autant d'espaces de rencontre et de sociabilité. Jusqu'à la démocratisation du jeu vidéo à domicile, par ordinateur ou console dédiée, ce loisir se présente donc comme une pratique sociale, que ce soit dans la mécanique de jeu elle-même ou le contexte où l'on joue.

Hormis le jeu à plusieurs en « local » (à plusieurs sur une même console) ou les « *LAN parties* » (tournois de jeu en réseau) à grande échelle, organisées entre amis prêts à transporter tout leur barda informatique ou à se réunir dans ces cybercafés, le jeu en « multijoueur » va réellement exploser avec l'avènement d'Internet et la possibilité de se réunir en groupe pour une partie commune depuis le confort de son chez-soi. Au niveau des modalités, ce jeu à plusieurs peut se faire avec chacun derrière son écran et son point de vue, en écran partagé – celui-ci est divisé en autant d'encarts que de joueurs (et laisse la possibilité de tricher en épiant l'autre) –, ou encore à plusieurs qui cohabitent sur un même point de vue, pour s'affronter ou jouer en mode collaboratif. Précisons également que le multijoueur ne constitue pas un segment limité dans l'offre plus globale de jeu vidéo : sur le top 20 des jeux les plus vendus en 2022, seuls trois titres ne proposaient pas de mécanique de coopération ou de possibilité de jouer à plusieurs.

Concrètement, et c'est la différence majeure avec l'époque des bornes d'arcade, il devient alors possible de jouer avec des partenaires non présents physiquement. D'où la méprise assez commune de croire qu'un joueur seul devant son écran est forcément seul tout court, comme si derrière l'écran il ne pouvait pas y avoir une ou plusieurs autres personnes – une remarque extensible à un certain nombre de loisirs liés aux écrans. D'où le cliché selon lequel le jeu vidéo isolerait ses pratiquants. Or, après avoir montré que le temps moyen consacré aux jeux vidéo était somme toute comparable à celui consacré à d'autres loisirs exempts de ce genre de mauvaise réputation (une à deux heures, c'est par exemple le format-type des séries télévisées et des films, voire des activités extrascolaires) – et qu'il ne constitue donc pas un facteur d'isolement par la place démesurée qu'il occuperait dans l'emploi du temps des joueurs –, nous allons voir que cette pratique n'isole pas non plus en privant le joueur d'interactions sociales. Au contraire, même.

## Se faire des amis, entretenir des relations : le jeu vidéo n'isole pas, au contraire

Il ressort ainsi d'une enquête Ifop menée en juin 2023 auprès d'un échantillon de 1 500 Français âgés de 18 ans et plus que, parmi les joueurs (toujours notre acception sans a priori), 18 % déclarent avoir tissé de nouvelles relations – d'amitié, ou plus si affinités – par le biais du jeu vidéo, que ce soit en ligne ou en local, rencontrées via le jeu lui-même ou une relation qui se construit grâce à cette pratique. Cette proportion a par ailleurs tendance à augmenter avec l'intensité de pratique, loin de l'idée selon laquelle jouer plus isolerait plus, comme le montre le tableau ci-dessous : elle atteint plus d'un tiers (34 %) chez les joueurs quotidiens et culmine même à 39 % chez les joueurs *hardcore* actifs au moins une fois par semaine.

Selon les joueurs, les jeux vidéo constituent donc des lieux de rencontre et de sociabilité. On peut s'y faire de nouveaux amis ou plus simplement tisser des liens avec des personnes qu'on n'aurait jamais pu rencontrer autrement – ce que permet Internet. Ainsi, 33 % des joueurs affirment interagir avec des partenaires se situant à l'autre bout du monde dans le cadre du jeu vidéo, dont 14 % au moins une fois par semaine. Des proportions qui grimpent à respectivement 55 % et 33 % chez les joueurs quotidiens, et qui montrent encore une fois combien l'intensité de la pratique du jeu vidéo permet d'en tirer encore plus le meilleur – ce loisir aurait-il donc des qualités intrinsèques réelles ?

Plus globalement, toujours parmi les joueurs, le jeu vidéo semble à la fois ne pas constituer un frein à la socialisation, voire représenter un moyen plus efficace dans cette optique que les interactions traditionnelles. En effet, questionnés sur le temps consacré à se faire des amis et entretenir des relations, 70 % des joueurs français affirment passer plus de temps à le faire dans le cadre d'activités en face-à-face, alors que 30 % déclarent socialiser autant (23 %) voire plus (7 %) en jouant à des jeux vidéo. La part de joueurs consacrant plus de temps à interagir avec autrui via les jeux vidéo qu'en face-à-face se révèle donc infime (7 %, jusqu'à 18 % chez les joueurs quotidiens). Un « risque » d'isolement d'autant plus faible que, comme nous venons de le voir plus haut, la pratique du jeu vidéo constitue en soi un moyen de tisser des liens.

Si le jeu vidéo n'isole pas, puisqu'il permet de se faire des amis et d'entretenir des relations, c'est enfin une pratique qui ne « vampirise » pas les autres loisirs impliquant d'accueillir des amis chez soi. Questionnés à ce propos, seuls 5 % des joueurs déclarent ainsi préférer s'adonner à des jeux vidéo avec leurs proches « en présentiel », loin derrière regarder une série ou un film (28 %), jouer dehors (21 %), cuisiner (17 %) ou regarder du sport (8 %, 21 % ne se rangeant derrière aucune de ces activités). Et bien que la proportion de joueurs prêts à privilégier le jeu vidéo comme activité en société augmente assez linéairement avec l'intensité de pratique de ce loisir, elle s'élève « seulement » à 14 % chez les *hardcore gamers* hebdomadaires.

Pour aller plus loin, en se basant sur de nombreuses études sur le sujet, il semble que l'impact du jeu vidéo sur le sentiment de solitude dépende de l'agencement de ce loisir avec d'autres activités, notamment sociales. Lorsque le jeu vidéo prend une place démesurée dans la vie d'une personne, il peut amplifier un sentiment de solitude, ce qui n'est pas le cas quand il s'insère dans un ensemble de loisirs. Ainsi, aucune des études ici analysées n'a démontré que le jeu vidéo crée ou amplifie unilatéralement l'isolement des joueurs[1]. L'étude Ifop tend donc à montrer que, parmi les joueurs interrogés, la majorité a une pratique « raisonnable » du jeu vidéo, au sens où elle cohabite avec les autres loisirs, sans les remplacer.

À la lumière de cet ensemble de résultats, le cliché selon lequel le jeu vidéo représenterait en lui-même un facteur d'isolement apparaît remarquablement faux. D'une part, car une part importante sinon hégémonique de la production repose aujourd'hui sur des mécaniques

1. Yan Luo, Michelle Moosbrugger, Daniel M. Smith, et al., « Is increased video game participation associated with reduced sense of loneliness ? A systematic review and meta-analysis », *Frontiers in Public Health*, vol. 10, 16 mai 2022.

de jeu à plusieurs. D'autre part, car la part des joueurs adeptes d'interactions sociales grâce au jeu vidéo a tendance à augmenter avec l'intensité de pratique de ce loisir, loin de l'image de poison social qu'elle peut avoir aux yeux de certains. En somme, le jeu vidéo peut participer à faire évoluer la manière dont on interagit avec les autres, mais comme l'ont fait Internet et les téléphones portables. Soulignons toutefois les limites de la démonstration : malgré cette corrélation entre intensité de pratique et socialisation par le jeu vidéo, au sein de l'ensemble des joueurs – dont des personnes à la pratique plus distante –, les taux d'interactions sont minoritaires ; aussi, les conséquences potentiellement « négatives » de ce loisir sur la socialisation n'ont pas été testées dans le cadre de cette enquête – elles peuvent donc exister, même si le reste des résultats suggère qu'elles seraient infimes. En effet, si une part des joueurs peut avoir une pratique à risque et reconnue comme dangereuse du jeu vidéo – au sens où l'entend l'OMS –, cela ne concerne que 2 à 4 % des joueurs[1]. On est loin de l'épidémie qu'a pu craindre une partie des observateurs.

1. « L'OMS reconnaît officiellement l'addiction aux jeux vidéo comme une maladie », *Debout les copains*, Europe 1, 29 mai 2019.

# Une culture de l'invective qui pèse notamment sur les femmes

## Une culture de la toxicité, qui touche tout le monde… mais particulièrement les femmes

### *Jeu vidéo en ligne et toxicité : rappel des faits*

Pour autant que le jeu vidéo ait la vertu de ne pas isoler ses pratiquants, peut-être est-ce là un bien pour un mal. Parce que « l'enfer, c'est les autres », demandez à un joueur ce qu'il pense de *League of Legends* – l'un des jeux en ligne les plus populaires –, et il est fort probable qu'il vous parle avant tout de toxicité, d'insultes et de *trash-talk* (« provocations verbales » en bon français) ! Cet exemple illustre bien la « culture toxique » – on pourrait même parler de « culture de la toxicité » dans le sens biologique du terme de « cultiver » – à l'œuvre dans un certain nombre de cénacles vidéoludiques : des comportements répandus au sein de la communauté des joueurs, normalisés voire encouragés. Une fois posé ce constat empiriquement réalisé par les joueurs eux-mêmes, comment expliquer cette situation ? Première piste : on retrouve au sein du jeu vidéo un terrain favorable à l'expression d'une telle agressivité, notamment en raison de l'anonymat et de l'aspect compétitif de ceux-ci, selon la chercheuse Amanda Cotte (2017[1]).

Plus précisément, pour expliquer cette ambiance délétère aux yeux d'un observateur extérieur et de beaucoup de joueurs, le chercheur Luke Munn (2023[2]) recense différents facteurs qui peuvent conduire à l'expression de ladite toxicité, a fortiori lorsqu'ils sont combinés, comme dans le cas du jeu vidéo : l'existence d'un modèle normatif du joueur, l'exposition à la violence verbale ou symbolique, la compétition, la désinhibition due à l'anonymat et l'industrie. Explicitons un peu ce qui se cache derrière ces termes.

- Le modèle normatif du joueur : à la croisée des goûts, des pratiques et des comportements considérés comme légitimes par les

1. Amanda C. Cote, « "I can defend myself": women's strategies for coping with harassment while gaming online », *Games and Culture*, vol. 12, n° 2, mars 2017, p. 136-155.
2. Luke Munn, « Toxic play : examining the issue of hate within gaming », *First Monday*, vol. 28, n° 9, 12 septembre 2023.

acteurs les plus prescripteurs dans la communauté du *gaming*, cette représentation de ce que doit être un « vrai » joueur apparaît pour le moment pensée par et pour des hommes blancs hétérosexuels. Les joueurs ayant tendance à réagir négativement à ce qui est pris comme une attaque ou une intrusion dans leur sphère, les individus dérogeant à ce modèle peuvent se retrouver victimes de comportements toxiques.

- La violence verbale ou symbolique : du fait de l'exposition à cette violence, et de sa normalisation dans ce contexte, les joueurs peuvent avoir tendance à la perpétrer à leur tour comme faisant partie intégrante de leur expérience de jeu. Lisa Nakamura, une chercheuse étasunienne (citée dans Cote 2017) estime même que ceux qui en font les frais peuvent finir par la défendre, pour « laver plus blanc que blanc » et être à leur tour acceptés par leurs pairs.

- La compétition : selon Adachi et Willoughby (cités dans Munn 2023), plus que la violence dépeinte dans certains jeux vidéo, c'est la notion de compétition – où l'échec individuel comme collectif n'est pas permis – qui constitue un terreau favorable aux comportements agressifs. On peut de nouveau invoquer l'exemple de *League of Legends*, un jeu qui voit s'opposer deux équipes de cinq dans une arène. Si une victoire fait progresser collectivement une équipe dans le classement, une défaite, qu'elle soit du fait de tout le groupe ou d'un seul joueur – et c'est notamment là que le bât blesse – peut leur faire perdre leur rang. Loin d'être exclusif à *League of Legends*, ce mode de compétition conduit à des comportements agressifs, que ce soit envers les adversaires mais aussi envers les alliés, à qui chaque joueur peut être tenté d'imputer cet échec.

- L'anonymat : avec l'invisibilité, il favorise l'agressivité dans les interactions. Attention néanmoins aux discours expéditifs qui y verraient une cause suffisante de comportements toxiques car, selon Munn (2019), l'anonymat ne peut expliquer seul la violence de certaines interactions : c'est sa combinaison avec les autres facteurs détaillés ci-dessus qui favorise les débordements.

- L'industrie : cette dernière est aussi pointée du doigt, en raison du manque de mixité en son sein, mais également des problématiques de harcèlement, notamment sexiste, à l'œuvre au sein des entreprises du secteur et dont les travers peuvent se faire sentir jusque dans le contenu des jeux vidéo eux-mêmes. Nous y reviendrons.

La dénonciation de la violence qui a cours au sein des jeux en ligne n'est pas nouvelle. Il s'agit d'une problématique à laquelle n'échappent pas les acteurs de cette industrie et leurs productions. Ceux-ci sont régulièrement pointés du doigt pour l'insuffisance, voire l'absence de modération en jeu. La violence entre joueurs est d'ailleurs protéiforme. Il peut s'agir d'insultes proférées à l'oral via un *chat vocal* ou par écrit, mais on peut aussi y observer le recours à des pseudonymes volontairement hostiles (qu'ils soient racistes, homophobes, antisémites ou misogynes) ou du sabotage en règle de la part de joueurs qui s'acharnent sur d'autres en les prenant spécifiquement pour cible. Ce harcèlement – des agissements hostiles répétés pour affaiblir psychologiquement la victime – peut aller encore plus loin. Dans certains cas, des groupes organisés vont jusqu'à surveiller la personne pour tenter à tout prix de se retrouver dans une partie avec elle et chercher à la faire perdre.

Or les acteurs du milieu ont accusé un retard dans le traitement de ces faits. Encore aujourd'hui, les actions mises en place ne sont pas jugées à la hauteur par une partie des joueurs, et l'industrie leur oppose la complexité de la mise en œuvre d'une telle surveillance. En effet, au vu du nombre de parties à surveiller en direct, il n'est pas envisageable de faire intervenir une modération humaine. Certes, il est désormais courant de voir certains mots automatiquement bannis ou censurés, la possibilité de couper le micro d'une personne à distance, de la masquer, de la bloquer ou de signaler ce comportement, via des outils disponibles directement en jeu – un peu comme les outils de modération mis à disposition sur les réseaux sociaux. Mais ces mesures apparaissent toujours insuffisantes, et cela n'empêche pas les personnes les plus malintentionnées de trouver des stratagèmes pour contourner ces limitations. D'autant plus qu'au-delà de cette culture du *trash-talk*, il apparaît qu'une catégorie de joueurs en particulier se retrouve systématiquement visée par les comportements toxiques: oui, les femmes constituent une cible privilégiée de ce climat, qui prend la forme d'attaques sexistes.

Que ce soit parmi les joueurs et surtout les joueuses, peu de personnes peuvent ainsi avoir été surprises par les chiffres dévoilés par l'enquête Ifop pour GamerTop sur le sexisme au sein du jeu vidéo, et ce, même s'il s'agissait de la première mesure française en date – détaillée ci-après. En effet, cela fait des années que les témoignages et le vécu des joueuses sont rapportés, dépassant les frontières de la communauté. Et même au-delà de ces incursions du jeu vidéo et de ces problématiques dans les journaux généralistes, les joueuses, les principales concernées, vivent ce sexisme en première ligne depuis des années – si ce n'est depuis le début du jeu vidéo lui-même.

Plus récemment, des événements ont de nouveau trouvé une résonance hors de la sphère vidéoludique. En octobre 2022, un certain nombre de *streameuses*, des femmes qui retransmettent en direct leurs parties de jeu vidéo, ont alerté sur le harcèlement et la sur-sexualisation dont elles faisaient l'objet. L'écho important qu'ont eu leurs prises de parole, du fait de leur audience, a permis de relayer largement ce ras-le-bol. Pour donner une idée du retentissement de cette dénonciation, Ultia, l'une des femmes qui ont pris la parole, était suivie par plus de 250 000 personnes à l'époque sur la plateforme de diffusion en direct Twitch, Maghla par plus de 650 000 personnes. Ce ne sont pas les seules à avoir élevé la voix et d'autres *streameuses*, au public large ou plus restreint, ont signalé cette situation. Un harcèlement qui ne se déroule pas qu'en jeu, entre joueurs « actifs », mais également sur leur *chat* Twitch, par les simples spectateurs. En effet, lors de la retransmission en direct des parties de jeu vidéo, les spectateurs ont la possibilité d'interagir en direct via un *chat* dédié, visible de tous, y compris la personne qui conduit le *live*. Ce harcèlement se déplace même sur des forums ou des canaux de discussion hébergés sur d'autres sites. Les joueuses excédées attirent également l'attention sur le fait que ce phénomène d'ampleur n'a rien de nouveau, notamment dans un article de la journaliste Constance Vilanova pour *Le Monde*[1].

En effet, la situation précède largement la dernière dénonciation d'envergure en date. Les années 2010 avaient déjà été émaillées de précédents similaires, témoignant de la prégnance du climat sexiste dans le jeu vidéo en ligne, au sein des interfaces des titres eux-mêmes comme des espaces de discussion dédiés mais hébergés sur des sites distincts. Durant cette période, le *GamerGate* constitue un événement fondateur dans la prise de conscience globale du sexisme inhérent à ce domaine, un véritable électrochoc au regard de la violence du harcèlement qui a touché des femmes du milieu. En 2014, une développeuse indépendante du nom de Zoë Quinn s'est ainsi retrouvée accusée d'avoir couché avec un journaliste d'un célèbre site spécialisé dans le jeu vidéo, dans le but d'obtenir une critique favorable pour son dernier titre *Depression Quest.* Une accusation fausse puisque ce journaliste n'avait jamais écrit de critique sur le jeu. S'ensuivit une campagne de harcèlement, de *doxing* – c'est-à-dire le fait de révéler en ligne des informations

1. Constance Vilanova, « Paroles de streameuses harcelées sur Twitch: "J'aimerais tellement en avoir rien à faire. Comme mes copains vidéastes, ne pas y penser et me marrer" », *lemonde.fr*, 28 octobre 2022.

personnelles –, de menaces de mort ou de viol… Dans le but affiché par ses détracteurs de défendre la déontologie journalistique, en réalité, Zoë Quinn est devenue le catalyseur de la misogynie de ses harceleurs. Et Quinn ne fut pas la seule victime de cette campagne de harcèlement. Anita Sarkeesian, notamment, a été prise pour cible alors qu'elle venait de lancer un financement participatif pour sa série de vidéos *Tropes vs. Women in Video Games*, qui visait à exposer la manière dont les personnages féminins étaient représentés dans l'industrie. Sarkeesian a par la suite subi une vague de harcèlement en ligne – qui court encore aujourd'hui –, son adresse personnelle ayant été révélée, et un jeu vidéo ayant même été créé qui proposait… de la frapper jusqu'à la rendre méconnaissable[1].

Ces quelques exemples emblématiques – plus relayés du fait de la notoriété des victimes, ou de la couverture médiatique dont elles font l'objet – ne représentent toutefois que la partie émergée de l'iceberg. Car derrière ces figures et ces récits plus médiatisés, les joueuses anonymes subissent également ce

1. Shira Chess, Adrienne Shaw, « A conspiracy of fishes, or, how we learned to stop worrying about #GamerGate and embrace hegemonic masculinity », *Journal of Broadcasting & Electronic Media*, vol. 59, n° 1, 11 mars 2015, p. 208-220.

sexisme au quotidien, un vécu qui précède largement ces événements. Cette partie propose de dresser un premier état des lieux chiffré de l'ampleur de ce phénomène en France. Mais il s'agit aussi de comprendre ce qui produit ce traitement différencié. Si, aux prémices du jeu vidéo, les femmes étaient relativement absentes parmi les consommateurs, elles représentent aujourd'hui 51 % de la population des joueurs en France. Et pourtant, elles sont encore généralement perçues comme des intruses dans le milieu, et traitées comme telles. Ce sexisme a de nombreuses conséquences sur le parcours des joueuses et leur expérience du jeu vidéo. Contraintes d'adopter des stratégies d'évitement pour se préserver, elles en subissent les conséquences sur la manière dont elles jouent et s'approprient le jeu vidéo. Précisons une chose : l'étude Ifop pour GamerTop, dont les résultats sont ici présentés et analysés en détail, s'est concentrée sur la misogynie présente dans les interactions entre joueurs, et non sur le sexisme des représentations féminines dans le jeu vidéo, de l'industrie. Mais ces derniers éléments serviront de pistes de compréhension pour tenter de remonter aux sources du climat hostile aux femmes dans le jeu vidéo.

*Panorama du vécu du sexisme par les joueuses*

L'enquête interroge spécifiquement les joueuses qui ont été amenées à interagir avec d'autres joueurs, c'est-à-dire celles qui, par définition[1], peuvent ou non avoir subi des remarques sexistes de la part d'autres personnes. Des interactions peuvent être de différentes natures : les joueuses peuvent avoir directement interagi dans un jeu en ligne, avec des inconnus, ou participé à des forums ou des *chats* en ligne, lorsque les discussions tournaient autour du jeu vidéo. Ainsi, on interroge également le sexisme présent lorsqu'on regarde une partie de jeu diffusée sur Internet avec un *chat* sur lequel échangent les spectateurs, ou les sites et forums qui proposent de partager et discuter autour de cette passion. On l'a vu, l'exclusion des femmes de ces sphères vidéoludiques ne se déroule pas uniquement en jeu, mais également dans les différents espaces d'interaction qui existent

1. Dans ce sondage d'opinion, comme dans la plupart réalisés par l'Ifop, la question posée est « Vous êtes… ? Un homme, une femme ». Sans autre item, ceci afin de coller au questionnaire du recensement de l'Insee, sur lequel se base l'Ifop pour garantir la représentativité de ses travaux. Toujours est-il qu'avec cette formulation, les répondants sont invités à rendre compte de leur identité de genre ressentie.

autour du jeu vidéo. Enfin, les rencontres physiques, lors de grands événements ou rassemblements, sont pris en compte. En effet, ces dernières années, ces grands raouts autour du jeu vidéo se sont multipliés – des salons de jeux vidéo comme la Paris Games Week (180 000 personnes s'y sont rendues en 2023), ou des tournois d'*e-sport* dans des stades, semblables à des grands-messes sportives.

Selon ce périmètre, la population étudiée correspond à 36 % des joueuses : plus d'un tiers des joueuses ont déjà interagi avec d'autres personnes dans cet écosystème vidéoludique, le plus complet possible. Et chez ces joueuses ayant vécu une interaction avec d'autres joueurs, 40 % ont été victimes d'au moins une forme de sexisme, parmi les situations que nous avons listées. Il se dessine, au travers des réponses données, un climat sexiste d'une ampleur conséquente et bien loin de concerner une part marginale des joueuses. Les différentes situations testées forment un continuum, allant d'un sexisme plutôt « bienveillant », au sens où l'entendent Glick et Fiske notamment, tous deux psychologues (2001[1]), qui se traduit par une attitude

1. Peter Glick, Susan T. Fiske, « An ambivalent alliance : hostile and benevolent sexism as complementary justifications for gender inequality », *American Psychologist*, vol. 56, n° 2, 2001, p. 109-118.

paternaliste et condescendante, jusqu'à des formes d'agressions verbales relevant d'un sexisme dit « hostile ». Ce dernier se manifeste, dans l'un des cas les plus extrêmes, par des menaces d'agression à caractère sexuel. Dans le détail, plus d'une joueuse sur cinq ayant déjà interagi témoigne avoir déjà été la cible de remarques sur le physique (24 %), de propos obscènes ou à connotation sexuelle (23 %) ou de remarques, d'insultes ou d'injures sexistes (22 %). Plus alarmant encore, 15 % témoignent avoir déjà fait l'objet de menaces d'agression à caractère sexuel. Enfin, 19 % ont ressenti une attitude paternaliste et condescendante de la part des autres, et 14 % se sont vues ignorées, ou certains ont tout simplement refusé de jouer avec elles car femmes. Si, logiquement, les démonstrations les plus violentes de ce sexisme figurent parmi les moins rencontrées, la part de joueuses qui a déjà reçu des menaces de viol peut difficilement passer pour anecdotique.

*Figure 15.*
*Les joueuses victimes d'une forme de sexisme*

Source : enquête Ifop pour GamerTop (2023).
Base : joueuses interagissant avec d'autres joueurs, soit 15 % de l'ensemble des Français âgés de 15 ans et plus.

*Question : Au cours de votre vie, par peur de remarques désobligeantes, de moqueries ou d'insultes en tant que femme, avez-vous déjà… ?*
*Oui, vous en avez été victime/Oui, vous en avez été victime et témoin/Non, mais vous en avez été témoin/Non, ni victime ni témoin.*

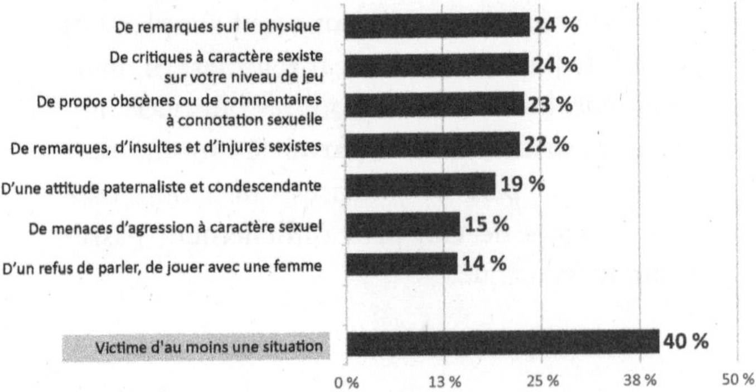


Au-delà de ces chiffres de victimation déjà conséquents, il est intéressant de mesurer la part de joueuses qui se déclarent victimes… ou témoins de ces agissements, pour faire la lumière sur l'ambiance sexiste qui pèse sur les femmes. Ainsi, alors que 40 % des joueuses ayant vécu une interaction avec d'autres joueurs font état de comportements sexistes à leur égard, elles sont 53 % à avoir été ou victime ou témoin des manifestations concrètes de cette misogynie ambiante. Pour ces femmes qui n'ont pas directement été impactées par ces situations mais qui en ont été témoins (13 % des joueuses ayant interagi), il fait peu de doute que ce climat défavorable et inhospitalier influe sur leurs comportements et choix de jouer ou pas. Et cela, sans même évoquer le sexisme qui ressort des productions elles-mêmes, de la publicité autour, etc.

On pourrait objecter que ces données ne recouvrent que les provocations verbales courantes dans certaines sphères du jeu vidéo, qui peuvent toucher tout le monde. Cependant, des études corroborent la thèse selon laquelle les femmes, plus que les hommes, sont touchées par une forme particulière d'agressivité. En 2013, Kuznekoff et Rose, deux chercheurs étasuniens, ont mené une étude pour comprendre comment les joueurs réagissaient selon le sexe attribué à un autre joueur. Sur *Halo 3,* un jeu de tir en multijoueur, avec des connaissances ou des inconnus, les chercheurs ont testé différents profils de participant auprès de joueurs qui ignoraient qu'ils étaient étudiés[1]. Au cours de différents matches, ces universitaires faisaient varier le genre supposé du participant complice, selon qu'il avait une voix féminine, une voix masculine, une voix neutre ou pas de voix, ainsi que sa compétence, pour mesurer les réactions des autres joueurs. Selon cette étude, un joueur avec une voix féminine reçoit trois fois plus de retours négatifs qu'un joueur dont la voix est masculine, ou lorsqu'il n'y a pas de voix, sans que cela semble lié à ses compétences dans le jeu.

Notons qu'en matière de sexisme, le facteur de l'âge s'ajoute à celui du genre pour causer une double peine, aussi bien en général[2] que dans le monde du jeu vidéo : même au sein de la communauté des joueuses, toutes ne partagent pas une expérience unique de ce sexisme. Ainsi, les plus jeunes, a fortiori les mineures, se révèlent davantage exposées : c'est le cas de 59 % des joueuses de 16 à 17 ans – ayant déjà interagi avec d'autres, on le rappelle –, soit 19 points de plus que la moyenne.

Pour en revenir à l'ensemble des joueuses ayant interagi avec autrui dans le cadre du jeu vidéo, lorsque les interactions se complexifient

1. Jeffrey H. Kuznekoff, Lindsey M. Rose, « Communication in multiplayer gaming: examining player responses to gender cues », *New Media & Society*, vol. 15, n° 4, juin 2013, p. 541-556.
2. Ifop, « Les Françaises et le harcèlement dans les lieux publics », *ifop.com*, 11 avril 2018.

ou témoignent d'un engagement plus accru dans ces communautés, les cas de sexisme apparaissent encore plus répandus : ils touchent ainsi 50 % des joueuses qui ont également interagi sur des espaces de discussions en ligne extérieurs à un jeu vidéo mais sur cette thématique, et 70 % des joueuses qui se sont rendues à des événements IRL (*in real life*). Des taux de vécu du sexisme qui pourraient s'expliquer par la population drainée par ce type de configuration : des joueurs plus investis – qui prolongent l'expérience du jeu vidéo au-delà de celui-ci, voire dans le cadre de rencontres « en vrai » – donc potentiellement plus élitistes et à cheval sur le modèle normatif du joueur.

Toujours en matière de « cadre », le vécu de sexisme selon le genre de jeu joué offre un autre angle de lecture. Ainsi, lorsque les joueuses pratiquent des genres qui s'apparentent davantage à du *hardcore gaming* (*cf.* hiérarchie des genres légitimes et définition du *hardcore gamer*), elles encourent plus de risques d'être confrontées à des attitudes sexistes. Ainsi, 45 % des joueuses dites *hardcore* en situation d'interaction ont déjà été victimes d'une des situations testées, contre un quart des joueuses *casual* – une proportion qui reste malgré tout inquiétante. Le vécu du sexisme diffère donc aussi selon la teneur de la pratique du jeu vidéo, qui amène à différents degrés à se retrouver dans des environnements à dominante masculine – même supposée – et à « dévier » du rôle de genre habituellement attribué aux femmes dans les jeux vidéo.

La liste de situations testées est loin d'être exhaustive, au regard des différentes manifestations de cette culture sexiste au sein du jeu vidéo. Nous avons pris le parti de proposer une liste définie de situations, au risque donc de passer à côté de certaines manifestations non anticipées de ce sexisme. Ce choix méthodologique permet, plutôt que de poser la question plus générale « Avez-vous vécu une situation de sexisme ? », de reconstruire le vécu des personnes interrogées à travers des exemples précis. Ainsi, nous évitons que certaines, qui n'ont pas forcément conscientisé les violences auxquelles elles ont fait face, ne se reconnaissent pas comme victimes de sexisme.

Cote (2017), dans une enquête qualitative, détaille les autres formes que peut prendre ce traitement genré. Ainsi, les joueuses interrogées témoignent avoir reçu davantage de demandes d'amis lorsque leur sexe a été révélé, ou avoir fait l'objet de tentatives de drague. Kuznekoff et Rose le détaillaient aussi dans leur étude en 2013 : si les femmes reçoivent trois fois plus de commentaires négatifs que leurs homologues masculins, elles reçoivent également davantage de demandes d'amis et de messages que lorsque la voix entendue en jeu est masculine ou qu'il n'y en a pas. Ce sexisme dit « bienveillant » peut avoir des effets positifs, à première vue, dans les jeux. Les femmes, lorsqu'elles adoptent une attitude positive, ont plus de chance de voir leur demande d'ami acceptée, ou de se faire offrir des cadeaux dans le jeu, nous disent par exemple les chercheurs Lopez-Fernandez, Williams, Griffiths, et Kuss (2019[1]). Cependant, ces attitudes exposent de nouveau le traitement différencié que vivent les joueuses, ramenées constamment à leur genre lorsqu'elles le révèlent. Cela participe également à entretenir une vision stéréotypée de la femme, perçue ici comme vénale, intéressée et objet d'attention des hommes.

Ce sexisme « bienveillant » a pour but – en tout cas comme effet – d'opérer une forme de rappel à l'ordre des femmes déviant de la « norme » et occupant des espaces qui seraient réservés aux hommes (Chappetta et Barth 2022[2]). Les femmes, comme les hommes,

1. Olatz Lopez-Fernandez, A. Jess Williams, Mark D. Griffiths, et al., « Female gaming, gaming addiction, and the role of women within gaming culture : a narrative literature review », *Frontiers in Psychiatry*, vol. 10, 2019.
2. Kelsey C. Chappetta, Joan M. Barth, « Gaming roles versus gender roles in online gameplay », *Information, Communication & Society*, vol. 25, n° 2, 18 mai 2020, p. 162-183.

sont ainsi confortées dans des attitudes stéréotypées : les joueuses ont plus de chance de voir une demande d'ami acceptée si elles restent silencieuses ou positives dans leurs interactions, alors que les hommes sont plutôt récompensés quand leur attitude est dominante, négative sinon prédatrice. Et comme le dit Cote (2017), qui a pu mener des entretiens avec des joueuses sur leur ressenti et leur vécu, celles qui, face à des insultes ou des comportements hostiles, répondent sur le même ton ou se permettent des critiques similaires, voient une solidarité se dessiner chez les autres joueurs hommes contre elles. Cette injonction à rester dans les rôles attribués à leur genre rappelle donc la théorie « *role congruity* » : les hommes et les femmes seraient plus acceptés socialement par leurs pairs lorsqu'ils pratiquent certaines activités considérées comme appropriées à leur genre, expliquent les chercheurs Lucas et Sherry (cités dans Berdot-Talmier et Zaouche-Gaudron 2020[1]).

Il semblerait donc que les femmes soient sanctionnées, en quelque sorte, lorsqu'elles investissent des pratiques qui ne correspondent pas à leur genre, même si cela n'est pas

1. Laurence Berdot-Talmier, Chantal Zaouche-Gaudron, « Utilisation des jeux vidéo en réseau par les enfants : motivation, adaptation sociale et affective selon le genre », *Enfance*, vol. 3, 2020/3, p. 375-395.

forcément conscientisé sous cette forme par les fautifs. On peut également s'interroger sur la dichotomie entre joueur légitime et illégitime, entre *hardcore* et *casual gamer*, consciemment ou inconsciemment alignée sur la distinction hommes-femmes, avec des jeux « pour hommes » et des jeux « pour femmes ». Pour être accepté, être perçu comme légitime, il n'est ainsi pas seulement question de se conformer à une pratique légitime, encore faut-il être « admissible » à celle-ci, ou du moins à la représentation que s'en font les pairs.

Au sein du jeu vidéo particulièrement, le sexisme à l'égard des joueuses aurait aussi comme fonction de préserver l'identité masculine du joueur puisque l'identité du « vrai joueur » repose sur des ressorts sexistes et l'expression d'une masculinité toxique. L'incursion de femmes dans cet univers est alors perçue comme une dénaturation de cette identité. Et dès lors qu'elles sont rejetées des espaces de jeu les plus « nobles » et valorisés, les femmes n'ont d'autre choix, pour jouer sereinement, que de se replier sur des jeux où elles peuvent jouer seules, sans compétition (Kivijärvi et Katila 2022), sur leurs jeux « pour femmes »[1].

1. Marke Kivijärvi, Saija Katila, « Becoming a gamer: performative construction of gendered gamer identities », *Games and Culture*, vol. 17, n° 3, 16 septembre 2021, p. 461-481.

## Les conséquences de ce sexisme sur l'expérience en jeu des femmes

Ces actes de sexisme ne sont pas sans conséquence sur l'expérience des femmes en tant que joueuses, y compris celles qui n'interagissent pas avec autrui dans le cadre du jeu vidéo. Ainsi, 40 % de l'ensemble des joueuses ont déjà mis en place au moins une stratégie d'évitement afin d'éviter les remarques, les moqueries ou les insultes du fait de leur genre. Dans le détail, 23 % ont déjà évité de jouer à un jeu en ligne, plus d'un quart ont déjà quitté un groupe ou une partie (26 %), 30 % ont refusé de participer à un *chat* vocal, et 16 % ont déjà caché leur genre. Ces attitudes visant à se protéger sont loin d'être anecdotiques, tant en nombre de joueuses concernées – on le rappelle, les joueuses représentent 77 % de la population féminine en France – qu'en fréquence : 19 % des joueuses disent avoir souvent eu recours à l'une de ces stratégies. Comme le dit une des joueuses interrogées par Cote (2017) : cacher son genre permet de « *jouer comme un joueur* [en anglais, le terme *gamer* est neutre], *au lieu de jouer comme une fille* ».

Et cette proportion explose auprès des femmes qui ont été victimes ou témoins d'agissements sexistes dans le cadre d'interactions avec d'autres joueurs : 70 % déclarent avoir déjà mis en place au moins une de ces stratégies de préservation. Elles sont même près d'une sur cinq à dire devoir souvent refuser de participer à un *chat* vocal (19 %). Autre donnée révélatrice : 27 % déclarent avoir mis en place toutes les stratégies testées, et 30 % à en appliquer une au moins souvent. Leur expérience de jeu en ressort durablement et profondément impactée.

Ces types de stratégie sont des exemples de mise à l'écart par instinct de préservation, qui ne prennent pas en compte de manière exhaustive tous les comportements des femmes pour faire face à ce sexisme, notamment les femmes ayant arrêté de jouer. En 2020, un article du *Monde* donnait la parole à des joueuses anonymes[1]. Elles y racontaient les insultes reçues, les critiques sur leur niveau de jeu, et la manière dont ces attaques les minaient personnellement. Elles décrivaient comment ce climat les a conduites à prendre leurs distances vis-à-vis de ce loisir, voire à cesser de jouer, parfois seulement temporairement. Une étude, citée dans un autre article du *Monde*, estimait que, en 2020, 22 % des joueurs étasuniens qui avaient arrêté

1. Louis Chahuneau, « "J'ai arrêté de jouer pendant deux mois, car j'étais au bout de moi" : les joueuses en ligne restent confrontées au sexisme », *lemonde.fr*, 25 juin 2020.

de jouer l'avaient fait en raison de faits de harcèlement[1].

Où sont les femmes dans le *gaming*? Bien qu'elles soient présentes en nombre, voire en majorité dans la pratique de ce loisir, le sexisme qu'elles y endurent et ses conséquences entretiennent mécaniquement les stéréotypes liés à l'absence des femmes dans le milieu du jeu vidéo et les préjugés sur la pauvreté supposée de leurs performances. En effet, dans de nombreux jeux parmi les plus populaires, la progression passe par de la coopération et des affrontements avec d'autres joueurs. Si, après une expérience solo, ces nouvelles mécaniques ont un effet stimulant, en renouvelant le *gameplay* (la mécanique de jeu), elles peuvent aussi agir comme un frein à la progression des femmes puisqu'elles ne peuvent pas jouer librement en raison des différentes formes de sexisme qui les visent. Ainsi, couper le micro d'un joueur désagréable, ou invisibiliser ses commentaires dans l'espace de discussion au sein du jeu ampute également des autres interactions nécessaires au bon déroulement d'une partie. Et ce, alors même qu'en raison d'un sentiment d'illégitimité prégnant, les joueuses

1. Maxime Pernet, « Modération dans les jeux vidéo en ligne: “L'industrie a dix ans de retard dans le traitement du harcèlement” », *lemonde.fr*, 1er juillet 2022.

sont poussées à surcompenser, en s'entraînant davantage (Cote 2017). Là encore, nous sommes face à un cercle vicieux. Les femmes étant perçues comme moins douées que les hommes, elles doivent faire davantage d'efforts pour prouver leur niveau de jeu. Mais dans le même temps, l'accueil hostile qui leur est réservé freine leur progression, et elles sont critiquées lorsqu'elles adoptent une posture trop « masculine » (compétitive, agressive...) Bilan des courses : les joueuses interrogées par Cote (2017) évoquent une véritable fatigue, même si elles affirment continuer de trouver du plaisir dans ce loisir.

La scène *e-sport* constitue un terrain d'observation remarquable des conséquences de ces discriminations sur le niveau de jeu des femmes. Tour d'horizon de cet univers : avec le gain en popularité des jeux de combat tout d'abord (notamment *Street Fighter*) puis des jeux de tir et de stratégie en temps réel, des tournois d'envergure ont commencé à être organisés dans des grandes salles afin d'accueillir compétiteurs sur scène et public enthousiaste dans les gradins – sur le modèle des compétitions sportives. Ces tournois peuvent être organisés par les éditeurs de jeux eux-mêmes ou par des joueurs, le plus souvent des personnalités déjà installées. C'est notamment la raison pour laquelle la scène *e-sport* gravite essentiellement autour des figures du milieu, venues de la communauté des joueurs, alors que les incursions extérieures comme les écuries opportunément formées par les clubs de foot (exemple : le PSG) rencontrent un succès mitigé et une notoriété médiocre.

Or, parmi des figures du milieu, peu de joueuses ont émergé sur la scène *e-sport* – selon le baromètre « France Esports » 2023[1], seuls 7 % des joueurs *e-sport* amateurs français sont des femmes – et elles sont sous-représentées à l'international également. Sur les jeux les plus populaires, elles représentent à peine un quart des compétiteurs, si ce n'est moins (sur *Counter-Strike: Global Offensive*, 24 %, sur *Dota 2*, 20 %, sur *Hearthstone* 26 %, sur *Tom Clancy's Rainbow Six Siege*, 23 % et 26 % sur *Overwatch*[2]). Elles vivent ainsi les mêmes traitements que toutes les autres joueuses, en plus d'autres spécifiques à l'industrie du sport compétitif. Les joueuses *e-sport* sont par exemple moins bien payées : en 2017, selon le *Highest overall earnings*, parmi les 200 joueurs les mieux payés, on ne retrouve aucune femme[3].

1. France Esports, « Baromètre France Esports – Résultats de l'édition 2023 », *france-esports.org*, 31 octobre 2023.
2. Interpret, « Females and esports – progress update », *interpret.la*, 27 février 2020.
3. Esport Earnings, « Top 100 highest overall earnings – esports player rankings : esports earnings », *esportsearnings.com*.

Fatalement, celles-ci éprouvent donc plus de difficultés à professionnaliser leur pratique, faute de revenus. Pour se hisser à un niveau compétitif, il faut pouvoir investir du temps dans des entraînements, ce qui est plus difficile quand le jeu vidéo – et tous les sports – ne suffit pas à garantir un revenu. Ces problématiques, qui traversent déjà l'*e-sport* en général, s'appliquent donc encore davantage aux femmes.

Du fait de cette mise à l'écart, et des stratégies d'évitement mises en place par les femmes, ces dernières peuvent être amenées à délaisser le jeu vidéo, qui perd son aspect ludique – qu'il soit vu comme une expérience divertissante, un lieu de rencontres ou un défi. Le serpent se mord la queue : les femmes sont peu visibles dans les jeux les plus légitimes et les plus connus, et y apparaissent comme des intruses. Elles pâtissent d'un sexisme au mieux larvé, et ne peuvent progresser au même rythme que leurs homologues masculins, ni simplement profiter de leur expérience de jeu. En réaction à ce sexisme ambiant, elles se cachent, se retirent des espaces de jeu, et se résignent parfois à abandonner le jeu vidéo.

À noter que d'autres joueuses peuvent adopter un comportement inverse, notamment sur la scène *e-sport*, mais pas seulement. Loin de se mettre à l'écart, et en connaissance des risques pris, elles assument leur genre dans les jeux en ligne, ne se cachant ni derrière des pseudonymes neutres ni derrière leur silence. Elles souhaitent, dans un engagement quasiment militant, rendre visibles les femmes et prouver qu'elles sont aussi légitimes que les hommes sur la scène vidéoludique. Mais les joueuses interrogées par Cotte (2017) sont également conscientes du coût émotionnel et de l'épuisement que cela implique. Et elles restent minoritaires.

## Un sexisme propre au *gaming* ?

Décrypter ainsi les ressorts du sexisme présent au sein de la communauté de joueurs français ne doit pas faire oublier que ces joueurs font partie intégrante d'une société. On l'a vu, la pratique s'est démocratisée, à tel point qu'il n'est plus possible de traiter les joueurs comme un groupe hétérogène et distinct de la société française. Elle-même encore traversée par un sexisme plus ou moins latent d'ailleurs.

Pourquoi parler de société sexiste ? Au cours de cette étude, nous avons interrogé les Français sur leur adhésion à différents stéréotypes sexistes, et 56 % adhéraient à au moins un de ceux testés. Les différentes affirmations qui nous permettent de mesurer la prévalence d'une mentalité sexiste vont du caractère naturel prêté à la prise du nom du mari par l'épouse (40 % sont d'accord) à une adhésion plus que franche à la culture du viol (12 % des Français estiment que « beaucoup de femmes disent “non” dans le cadre d’une relation sexuelle, mais que cela veut dire “oui” »).

Or, comme dit plus tôt, nous n’observons pas de différences significatives entre les joueurs et les non-joueurs : 57 % des joueurs adhèrent à au moins une affirmation, et 56 % des non-joueurs. Mais on pourrait objecter qu’il faut faire la distinction entre les personnes passionnées par le loisir qu’est le jeu vidéo et celles qui en ont une approche distanciée, et qu’il est plus pertinent de se pencher sur les joueurs les plus investis dans cette pratique. Et pourtant, là encore, les joueurs *hardcore* (57 %) se situent dans la moyenne française, et la moyenne des non-joueurs. On observe cependant un décalage dans les mentalités des personnes se sentant « *gameuses* » (c’est-à-dire qui s’identifient à ce terme, dans le cadre d’une question spécifique posée dans l’enquête Ifop pour GamerTop) : 64 % adhèrent à au moins un stéréotype sexiste. Faut-il en conclure malgré tout qu’une frange de joueurs, parmi les plus passionnés, est plus sexiste que la moyenne ? Pas forcément, puisqu’on l’étudiera plus en profondeur dans la partie suivante, mais se dire *gamer* se fait à l’intersection de la pratique « réelle » et de sa propre proximité avec le portrait-type du joueur.

Il semblerait donc que le jeu vidéo ne rende pas sexiste, en tout cas, pas plus que ne l’est l'ensemble des hommes de la société française. Certes, le sexisme se manifeste de manière spécifique dans la sphère vidéoludique – même si on peut le rapprocher des ambiances des forums et des réseaux sociaux. Dans les discours, ces agressions, ce traitement différencié sont rationalisés : pour ce faire, les joueurs invoquent une hiérarchie entre les « vrais joueurs » et les joueurs « du dimanche », entre *hardcore* et *casual gamers;* mais également une culture du *trash-talk* qui toucherait tous les joueurs de manière indifférenciée. En réalité, ces distinctions entre joueurs sont construites aussi autour du genre, et participent à poser les bases sur lesquelles repose une partie du sexisme observé dans le milieu du jeu vidéo.

# Tous les joueurs ne se sentent pas des « *gamers* »

## Jouer aux jeux vidéo ne signifie pas se définir comme « joueur » de jeux vidéo

Comme le dit Samuel Coavoux, doctorant en sociologie (2010), reprenant le concept du sociologue Howard Becker : « c'est le jeu [le fait de jouer] qui fait le joueur, et non l'inverse[1] ». Pourtant, si jouer suffit à faire de vous un joueur, pourquoi toutes les joueuses et tous les joueurs ne se sentent-ils pas « *gamers* » et « *gameuses* » ? À peine 22 % des joueurs se définissent comme tel, ce qui correspond à 17 % de la population française âgée de 15 ans et plus, alors que 64 % jouent activement à

1. Samuel Coavoux, « La carrière des joueurs de World of Warcraft », in Sylvie Craipeau, Sébastien Genvo, Brigitte Simonnot, *Les jeux vidéo au croisement du social, de l'art et de la culture*, Nancy, Presses Universitaires de Nancy, 2010, p. 43-58.

l'heure actuelle. Quels mécanismes sont à l'œuvre pour expliquer ce décalage ? Pourquoi certains se sentent-ils plus *gamers* que d'autres ? La pratique du jeu vidéo recoupe, on l'a vu, une multiplicité de profils et de types de consommation, dont bon nombre s'éloignent de la vision du joueur adolescent – le masculin est utilisé ici à dessein – qui joue durant des heures, quotidiennement même, à certaines catégories de jeux spécifiquement, sur son ordinateur ou des consoles massives. Est-ce que toutes les personnes qui jouent s'approprient autant le terme de *gamer* que celles qui correspondent à l'image d'Épinal du joueur ? Et plus généralement, que se cache-t-il derrière cette appellation ? Un type de pratique légitime ? On verra que oui, mais pas seulement.

Premier constat : la propension à se reconnaître comme un *gamer* varie selon la pratique de la personne interrogée. Ainsi, les personnes jouant sur des sessions plus longues s'approprient davantage ce terme : 39 % de ceux qui jouent entre deux et trois heures, et jusqu'à 58 % quand on dépasse trois heures de jeu par session. La fréquence de la pratique est également une variable décisive : 43 % des joueurs hebdomadaires se disent *gamers*, contre 8 % de ceux qui ont joué au moins une fois au cours des trois derniers mois, mais pas toutes les semaines. Enfin, certains types de jeu s'illustrent par la proportion d'amateurs qui se reconnaissent également dans cette étiquette : 42 % des joueurs de jeux de tir, 40 % des jeux d'action-aventure, 41 % des jeux de stratégie, 50 % pour les jeux de rôle solo ou les MMORPG, contre seulement 23 % pour les joueurs de jeu de réflexion et de casse-tête.

À la lumière de ces résultats, où le fait de se reconnaître comme « *gamer* » varie selon différentes modalités du loisir, se dessine un premier état des lieux des pratiques qui invitent à se sentir plus légitime dans son approche du jeu vidéo : un « vrai joueur » – un *gamer* – joue fréquemment, sur des temps longs, en ligne et plutôt à certains types de jeux plutôt que d'autres. On retrouve une partie de ces indicateurs dans la définition que nous avons adoptée par convention pour la catégorie « *hardcore gamer* ». Et celle-ci semble faire mouche puisque 35 % des joueurs que nous qualifions de « *hardcore* » se sentent « *gamers* »… contre seulement 5 % des joueurs *casual*.

Derrière ces indicateurs, c'est l'éventail des pratiques légitimes qui se fait jour. Cette idée selon laquelle tous les joueurs et joueuses ne sont pas égaux selon leur pratique et leur investissement est premièrement propagée par l'industrie, qui définit son public cible, pour qui elle crée ses productions et taille sur mesure sa communication (Shaw 2012[1]). Mais d'autres prescripteurs de norme entrent en jeu. En réaction à la publication d'une étude de Médiamétrie sur le nombre et le profil des joueurs, ZeratoR, un célèbre *streamer*, questionne la pratique des personnes recensées : la plateforme sur laquelle elles jouent[2], mais aussi les raisons qui sous-tendent la volonté de jouer[3]. ZeratoR endosse ici un rôle de « gardien du temple », et il transparaît de cette prise de position la volonté de distinguer les « vrais » joueurs des autres, ceux qui prennent le jeu vidéo au sérieux, et ceux pour lesquels cela n'est qu'un passe-temps. Ceux qui investissent de l'argent et ceux qui jouent à des jeux gratuits.

La mesure de cette identification comme *gamer* au sein de la communauté de joueurs amène aussi à dresser un portrait-robot du « vrai » *gamer*. Conformément à l'image hégémonique dans la sphère vidéoludique

1. Adrienne Shaw, « Do you identify as a gamer ? Gender, race, sexuality, and gamer identity », *New Media & Society*, vol. 14, n° 1, février 2012, p. 28-44.
2. @ZeratoR, « J'aimerais vraiment voir ce genre d'études en ayant uniquement les consoles de salon/PC et en enlevant les consoles portables/mobiles… », *twitter.com*, 26 avril 2023.
3. @ZeratoR, « Pour moi la différence c'est : "j'ai préféré jouer par rapport à n'importe quelle autre activité. J'ai libéré du temps pour jouer (j'ai choisi ce temps)"… », *twitter.com*, 26 avril 2023.

et même en dehors, le *gamer* est un homme, jeune, aux revenus faibles. En effet, 29 % des joueurs se définissent comme *gamer*, contre 15 % des joueuses. Un écart important est mesuré également sur l'âge : 36 % des moins de 35 ans contre 15 % des 35 ans et plus. Dans le détail, on observe trois grandes strates chez les joueurs : en dessous de 25 ans, ils sont a minima 41 % à se sentir *gamer*, contre 29 % des 25-34 ans et 22 % des 35-49 ans. À partir de 50 ans, ce pourcentage chute significativement (13 % des 50 à 64 ans et 9 % des 65 ans et plus). Le revenu mensuel constitue une autre variable discriminante : 28 % des catégories pauvres, gagnant moins de 900 € par mois par personne au foyer se sentent *gamer*, contre 14 % des catégories aisées (plus de 2 500 €) – *cf.* partie sur le jeu vidéo, loisir « davantage prolo ».

Si on s'arrête là, la comptabilité opérée par l'outil sondage semble accréditer les clichés véhiculés par ce portrait-type que nous détaillons plus haut : en l'état, plus on coche de cases de l'image d'Épinal de l'adepte de jeux vidéo (vue comme telle y compris par les figures du milieu), plus on s'identifie à l'étiquette de *gamer*. Mais corrélation n'est pas nécessairement causalité, et on peut questionner le poids de cet imaginaire dans la propension à se définir comme *gamer*. Notamment parce que, lorsqu'on y regarde d'un peu plus près, à pratique égale, on constate des différences selon le profil sociodémographique de la personne : l'appropriation de ce terme de *gamer* ne repose pas uniquement sur les pratiques des joueurs. Autrement dit, si « le jeu fait le joueur », il ne fait pas forcément le *gamer*. Cette question permet également de dessiner les enjeux d'identification et d'appropriation qui traversent cette sphère.

À pratique égale et jugée « légitime » – on regarde ici les joueurs *hardcore* tels que définis précédemment –, les hommes se sentent bien plus légitimes que les femmes à revendiquer cette étiquette de *gamer* (42 %, contre 26 % des joueuses *hardcore*). L'âge continue d'être une variable participant à l'identification des joueurs, toujours selon le même schéma en trois grandes périodes de la vie (les moins de 25 ans sont 50 %, les 25-49 ans aux alentours de 30 et 40 %, et les 50 ans et plus 22 % ou moins). Le revenu joue également : 24 % des catégories aisées contre 42 % des catégories pauvres – toujours à pratique quasi égale. L'imaginaire solidement ancré autour de la figure du *gamer* participe à expliquer que toutes les personnes qui, factuellement, sont des joueurs puisqu'ils jouent, ne se sentent pas légitimes – ou n'aient pas envie – de se définir comme des *gamers*. Et, incidemment, se sentir « *gamer* », c'est avoir une consommation jugée légitime et ensuite se conformer au portrait-type du joueur de jeux vidéo.

Sans grande surprise, ceux qui s'identifient le plus à un *gamer* sont ceux qui correspondent le plus à ce que ce terme véhicule en termes d'image. Et, coïncidemment, sur les questions de genre, ceux qui sont plus facilement représentés et acceptés par cette communauté – les hommes. On parlait plus haut des conséquences du sexisme sur le plaisir et la performance des femmes, et on voit aussi que cela participe à ce qu'elles ne se sentent pas légitimes à revendiquer cette étiquette. Comme l'écrivait la journaliste Lucie Ronfaut dans sa newsletter *#Rule30*: « J'ai encore du mal à me qualifier de *gameuse*. Pourtant, je joue régulièrement aux jeux vidéo. Mais je me dis que je ne joue pas aux bons jeux, pas de la bonne manière, pas avec le bon matériel, etc.[1] » Les femmes, plus que les hommes, doivent faire leurs preuves, et ceci, comme on l'a vu, dans une communauté qui ne les accepte pas facilement, ce qui nuit à leurs performances. Le sexisme qui entache cette pratique peut aussi rebuter les joueuses: veut-on appartenir à une communauté qui s'illustre par son sexisme, et qui nous rejette ?

Pourtant, dans certaines enquêtes, cette opposition n'est pas forcément identifiée par les répondantes. Celles qui ne se sentent pas

1. Lucie Ronfaut, « J'aime les jeux vidéo comme une fille », *numerama.com*, 11 mars 2023.

*gameuses* ne le justifient pas par leur sexe, même si, dans les faits, ce facteur joue un rôle déterminant (Shaw 2012). Le sexe est une variable déterminante dans l'identification en tant que *gamer*, mais ne semble pas conscientisé comme tel : il apparaît ainsi que les joueuses ont intériorisé le discours de masculinité hégémonique dans le jeu vidéo (Kivijärvi et Katila 2022).

## Assumer cette pratique convoque d'autres stigmates

Ces différences d'identification au statut de *gamer* peuvent aussi s'expliquer par le regard que porte la société sur le jeu vidéo, marqué par un stigmate social fort. Longtemps demeuré une niche, le jeu vidéo faisait l'objet de nombreuses critiques, au point que s'est installé un discours péjoratif et réducteur sur ce loisir. Alors qu'une très large majorité des Français joue aujourd'hui, on n'échappe toujours pas à des sorties malheureuses et encore récentes sur les jeux vidéo, souvent utilisées pour qualifier des jeunes adolescents hommes et critiquer leur usage de la violence.

À ce titre, on ne peut passer à côté de la déclaration du président de la République à l'été 2023. Jusque-là, Emmanuel Macron avait affiché une posture de soutien aux jeux vidéo, plus particulièrement aux *streamers* lors d'événements caritatifs, ou à l'industrie en général. Pourtant, le 30 juin, lors des émeutes suivant la mort de Nahel M., Emmanuel Macron évoque « ces jeunes qui vivent dans la rue les jeux vidéo qui les ont intoxiqués[1] ». Une phrase qui charrie de nombreux clichés qui ont apparemment la vie dure, mais qui traduit surtout des associations d'idées sous-jacentes. D'abord, le président de la République s'est permis sa remarque à propos de jeunes hommes venant des quartiers populaires, alors qu'en pareil cas, le stigmate du jeu vidéo n'est jamais apposé ni sur des « bourgeois », ni même sur les casseurs des black blocs, qui opèrent davantage dans les centres-villes qu'en banlieue. De plus, Emmanuel Macron, comme d'autres[2],

1. Pierre Trouvé, « Entre Emmanuel Macron et les jeux vidéo, une histoire ambiguë », *lemonde.fr*, 11 novembre 2023.

2. Dans un message du 14 novembre 2023 sur Twitter, le dessinateur de presse Xavier Gorce opère une relation de causalité périlleuse entre les jeux de tir et la mise en scène des terroristes du Hamas ou des tueurs de masse aux États-Unis, avec leurs caméras embarquées. Comme si la mise en image de meurtres en vue subjective n'avait pas attendu le cinéma, entre autres médias. @XavierGorce, « Les éditeurs de jeux vidéo affirmaient que les shoot'em up n'avaient aucune incidence sur la violence réelle. Mais on voit aujourd'hui... », *twitter.com*, 14 novembre 2023.

impute les actes de violence à une pratique des jeux vidéo, alors que le lien entre les deux ne fait à l'heure actuelle l'objet d'aucun consensus scientifique. Enfin, il est intéressant de noter le vocabulaire utilisé, qui relève du champ lexical de l'addiction et perpétue un parallèle ancien fait entre les jeux vidéo et la drogue – mais étrangement pas aux réseaux sociaux, seulement brocardés pour leur contenu par les acteurs politiques, et quasiment jamais pour leur impact sur l'économie de l'attention ou le système de récompense. Si depuis, tel un professionnel qui exécute une cascade périlleuse, Emmanuel Macron s'est excusé d'avoir « fait bondir les gamers[1] », sa sortie illustre bien un discours ambiant dont il n'est pas le seul relais, et qui peine à dépasser des clichés anciens et profondément ancrés.

La question de la violence dépeinte dans les jeux vidéo et des conséquences sur le rapport des joueurs, souvent jeunes, à la violence ne sont pas nouvelles. Le SELL (Syndicat des éditeurs de logiciels de loisirs) évoque notamment les clichés qui accompagnaient les joueurs durant les années 1980 et 1990, les associant à des jeunes asociaux – un préjugé

1. @EmmanuelMacron, « J'ai fait bondir les gamers. J'ai pourtant toujours considéré que les jeux vidéo sont une chance pour la France, pour notre jeunesse… », *twitter.com*, 16 septembre 2023.

que nous avons déjà nuancé plus haut. Les jeux étaient eux-mêmes vus comme violents, et par extension, créateurs de violence. Un traitement semblable à celui qu'ont subi le cinéma, le rap, les comics ou les mangas… voire le jeu de rôle[1]. Aujourd'hui, si le regard porté sur les jeux vidéo s'est adouci, cela n'a pas mis fin aux déclarations culpabilisantes, et certains types de jeu pâtissent encore de ce discours. On a tendance à faire désormais la distinction entre les jeux « intelligents », « artistiques », « porteurs d'un message » et les titres « bas de plafond », « défouloirs » ou encore « violents ». Mais ce faisant, ne déplace-t-on pas le problème en établissant une liste des bons et des mauvais élèves, sans questionner en premier lieu le lien établi entre jeu vidéo et violence ? Peut-on vraiment affirmer que, même si tous les jeux vidéo ne conduisent pas à des accès de violence, certains s'en rendent coupables, parce qu'ils portent ces caractéristiques considérées comme illégitimes ?

Explicitons ce questionnement : mais qu'est-ce qui est reproché aux jeux vidéo quand on les attaque sur le champ de la violence ? Les acteurs du monde politique leur imputent volontiers les comportements agressifs observés

1. Syndicat des éditeurs de logiciels de loisirs, « Hors-série. L'essentiel du jeu vidéo. Itinéraires du jeu vidéo », *preprod.sell.fr*.

chez des jeunes personnes, et tout particulièrement à l'occasion de drames. Emmanuel Macron donc, en juillet dernier. Mais déjà en 2015, Nicolas Sarkozy évoquait des « jeux vidéo d'une violence inouïe[1] », alors qu'il était interrogé sur la décision de retirer des magasins les jouets représentant une arme, à la suite des attentats du 13 novembre de la même année. Dans un pays miné par la violence par arme à feu, les présidents étasuniens ne sont pas en reste et ont également participé à dresser ce parallèle. À la suite de la tuerie de Columbine en 1999, Bill Clinton pointait du doigt la part de responsabilité du jeu vidéo. À deux reprises entre 2018 et 2019, Donald Trump a également mis en cause les jeux vidéo.

Le jeu vidéo rendrait-il agressif, voire violent ? Les études, jusqu'à présent, n'ont pas démontré de lien de causalité entre pratique du jeu vidéo et des comportements violents (Miller et Summers 2009 [2]). Autrement dit, il n'y a pas, si on se fie à l'état actuel de la science sur ce sujet, de lien entre jeu vidéo et passage à l'acte violent. Selon le chercheur

---

1. Hitek, « Nicolas Sarkozy jeux vidéo violents Europe 1 », *dailymotion.com*, 2 décembre 2015.
2. Monica K. Miller, Alicia Summers, « A content analysis of the evolution of video game characters as represented in video game magazines », *Journal of Media Psychology*, vol. 14, n° 3, janvier 2009, p. 1-34.

Olivier Mauco, cité dans *Libération*[1], les jeux vidéo provoquent bien chez les joueurs un état d'excitation voire d'agressivité, mais seulement à très court terme – le chercheur parle de quinze minutes maximum après la session de jeu. Mais *quid* des jeux vidéo à l'imagerie violente dans ce cas ? Est-ce que, du fait des scènes dépeintes, ils ne prédisposeraient pas justement à la violence ? Vanessa Lalo, psychologue clinicienne et spécialiste des comportements numériques, estime que l'imagerie des jeux vidéo en tant que telle n'a pas de conséquences sur l'état d'excitation voire d'agressivité[2]. Que l'on soit face aux graphismes ronds et enfantins d'un *Mario Kart* ou à l'imagerie ultraréaliste et guerrière d'un *Call of Duty*, c'est la compétition induite qui génère excitation voire agressivité.

Peut-on alors déclarer que le jeu vidéo participe malgré tout à insensibiliser les joueurs, en normalisant des situations violentes, et en en faisant les acteurs de ces scénarios ? Olivier Mauco estime que le sujet n'est pas nouveau – la télévision dans les années 1980 connaissait un traitement similaire – et qu'à l'heure actuelle, aucune étude sérieuse n'a pu prouver

1. Geoffroy Husson, « Jouer n'est pas tuer », *liberation.fr*, 25 juillet 2011.
2. Elsa Mourgues, « Les jeux vidéo rendent-ils violent ? », *radiofrance.fr*, 14 novembre 2019.

que « les médias pousseraient à une désensibilisation à l'acte criminel et à une confusion du réel et du virtuel ».

Si les chercheurs n'ont pas pu établir formellement un lien entre le jeu vidéo et des comportements violents, ni même une désensibilisation ou une confusion entre réel et virtuel, pourquoi cette pratique continue-t-elle d'être pointée du doigt lors de drames ? Si c'est bien la compétition qui est à l'origine de l'agressivité qui peut être observée, pourquoi les autres loisirs compétitifs ne connaissent-ils pas une couverture médiatique et politique similaire (le sport compétitif, les jeux de société, et même les jeux d'enfants) ? Pourquoi cette panique morale, réactivée dans des moments de drames, pourquoi la persistance de ces préjugés, alors même qu'ils se heurtent sans cesse à la recherche scientifique ? Les nouvelles études qui continuent de démonter l'idée d'un lien de causalité entre jeu vidéo et violence apparaissent comme des révélations – en 2018 encore, *Le Monde* titrait « Une étude scientifique conteste le lien entre violence et jeux vidéo ». Bien qu'au sein des sphères politiques, ce constat commence à s'imposer – dans un rapport d'information pour le Sénat datant de 2013, André Gattolin et Bruno Retailleau écrivaient noir sur blanc que « la science est loin d'être unanime sur la véracité de la corrélation entre usage intensif des jeux vidéo et comportement violent et/ou asocial[1] » –, Emmanuel Macron engage la responsabilité des jeux vidéo en juillet 2023. Comment et pourquoi le jeu vidéo pâtit-il d'une image si négative qu'elle le poursuit même quand elle ne repose pas sur des fondements scientifiques ?

Le jeu vidéo est une pratique nouvelle, et comme d'autres, lors de sa démocratisation, elle pâtit d'une forme de méfiance, d'un « scepticisme culturel » courant dès l'apparition d'une nouvelle technologie, selon les termes d'Olivier Mauco. Ainsi, lorsque Jean-Pierre Chevènement fustige dès 1998 des « petits sauvageons qui vivent dans le virtuel[2] », malgré la similarité troublante avec les propos d'Emmanuel Macron, le ministre de l'Intérieur de l'époque critique ici la télévision, en estimant que les jeunes « vivent dans un sentiment de virtualité » et qu'« ils ne savent pas que quand on tire avec un pistolet, à la télévision cela ne fait pas mal. Dans la réalité vous pouvez tuer. » Il est donc intéressant d'observer que cette question de la distinction entre réalité et virtuel se posait

1. André Gattolin, Bruno Retailleau, « Jeux vidéo : une industrie culturelle innovante pour nos territoires », *senat.fr*, 18 septembre 2013.
2. Pascal Ceaux, « M. Chevènement annonce un renforcement de la lutte contre les violences urbaines », *lemonde.fr*, 11 mars 1998.

déjà à l'époque pour la télévision, avant d'être supplantée par le jeu vidéo, qui offre effectivement des possibilités d'immersion encore plus importantes.

Le public auquel se destine ce loisir constitue un autre élément qui peut expliquer en partie l'ampleur de la levée de boucliers à laquelle fait face le jeu vidéo. Ce dernier est pensé à l'origine comme un produit à destination des enfants – le jeu vidéo était vu comme un jouet plus que comme un nouveau type de loisir –, puis, suivant le développement de ce public, à destination des adolescents. Ceci peut expliquer également l'entrain avec lequel les politiques se saisissent du sujet, cherchant à protéger une jeune génération d'une pratique qu'ils découvrent et comprennent peu. En effet, ils sont peu à jouer de manière revendiquée et témoignent d'une connaissance parcellaire en la matière. On peut espérer que, comme ses grands frères parmi les cultures émergentes – musique rock, télévision, comics –, le jeu vidéo finisse à terme par être accepté et reconnu, au-delà des préconceptions dont il est victime et des paniques morales liées à son caractère relativement nouveau.

D'autant que, selon certains commentateurs et chercheurs, le focus mis sur le jeu vidéo dans le discours participe, que cela soit volontaire ou non, à occulter les autres déterminants de la violence. Le jeu vidéo est ici un bouc émissaire bien commode[1]. Car dire « c'est la faute des jeux vidéo », c'est bien ne pas dire « c'est la faute des armes » (en particulier aux États-Unis, où les Républicains perfusés aux dons du lobby des armes sont les premiers à vilipender les jeux vidéo lors de tueries de masse), « c'est la faute des discriminations et de la faillite de la politique de la ville », « c'est la faute d'un manque de moyens dans l'éducation ou pour la prise en charge des maladies psychiatriques ». Dire que c'est la faute du jeu vidéo, c'est oublier, ou refuser, de dire tout le reste.

Le parallèle dressé entre la consommation de jeu vidéo et la drogue – et plus largement l'addiction – est une autre critique qui est régulièrement formulée à l'encontre de ce loisir. Depuis 2018, l'OMS a rajouté le « trouble du jeu vidéo » à la liste des addictions, qui se caractérise par « une perte de contrôle sur le jeu, une priorité accrue accordée au jeu, au point que celui-ci prenne le pas sur d'autres centres d'intérêt et activités quotidiennes, et par la poursuite ou la pratique croissante du jeu en dépit de répercussions

1. Lucas Larcher, « Jeux vidéo et violence : "Chaque époque a son bouc émissaire" », *ouest-france.fr*, 8 août 2019.

dommageables[1] ». Selon cette définition, 2 à 4 % des joueurs seraient concernés. Kuss et Griffiths (2012) invitent cependant à faire une distinction entre consommation excessive et addiction, qui ne constituent pas les mêmes troubles selon eux, alors que le traitement médiatique véhicule cette confusion, en continuant d'utiliser le champ lexical de l'addiction pour qualifier des pratiques du jeu vidéo jugées problématiques.

Ce stigmate qu'on décrit ici a logiquement des conséquences sur la part des joueurs qui assument leur pratique vis-à-vis de l'extérieur. Au global, 17 % des joueurs se sont déjà résignés à ne pas parler de leur intérêt par peur du jugement de leur entourage. Au sein de ce dernier, aucun cercle social ne se détache parmi ceux testés : de l'intime au professionnel, les réticences à parler de sa pratique sont équivalentes. Et plus la pratique du jeu vidéo est « légitime » au sein du champ vidéoludique – c'est-à-dire qu'elle correspond au stéréotype du joueur, positif auprès des pairs mais très négatif auprès du grand public –, plus il apparaît difficile d'assumer ce loisir en société. La proportion d'adeptes de jeux vidéo qui taisent leur pratique monte donc à 22 % chez les joueurs *hardcore*, contre seulement

1. Organisation mondiale de la Santé, « Trouble du jeu vidéo », *who.int*, 22 octobre 2020.

10 % chez les joueurs *casual*. Alors que le jeu vidéo prend une place importante dans la vie des joueurs *hardcore* – on a vu qu'ils y passaient plus de temps, plus régulièrement – ils ont plus de difficulté à partager ce pan de leur vie. À l'inverse, les joueurs *casual*, par leur pratique plus distanciée, peuvent plus aisément se détacher des aspects péjoratifs de cette pratique. Au-delà de la pratique pure, on constate également que les joueurs qui se sentent *gamer*, donc ceux dont cet aspect peut constituer une part plus centrale de leur identité, souffrent également de cette peur du rejet : 33 % des *gamers* autoproclamés ont déjà préféré ne pas parler de leur intérêt pour les jeux vidéo à un de leurs cercles sociaux – dont 38 % de ceux qui s'identifient beaucoup à cet archétype –, contre 12 % de ceux qui n'ont pas le sentiment d'être un *gamer* (mais qui jouent quand même).

*Figure 16.*
***La réticence à afficher son intérêt pour les jeux vidéo par crainte d'un jugement extérieur***

Source : enquête Ifop pourGamerTop (2023).
Base : « joueurs », soit 79 % de l'ensemble des Français âgés de 15 ans et plus.

*Question : Par peur du jugement d'autrui, avez-vous préféré ne pas parler de votre intérêt pour les jeux vidéo… ?*
*Oui/Non.*

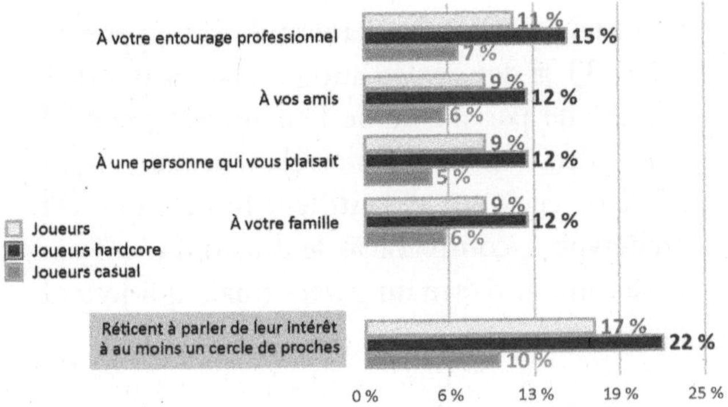


Là encore, le poids des représentations et de l'idée que se fait le grand public du joueur de jeux vidéo « de base » – et tout ce que cela convoque de négatif – conduit une part des joueurs qui se reconnaissent dans ce portrait à garder pour eux leur passion… quitte à ce que ce stigmate s'additionne à d'autres. Ainsi, à pratique égale et « légitime » dans le milieu du *gaming*, c'est-à-dire parmi les joueurs que nous avons catégorisés comme « *hardcore* », 28 % des moins de 35 ans déclarent avoir caché leur intérêt par crainte du jugement de leurs connaissances, contre seulement 17 % des 35 ans et plus, moins susceptibles de procès en immaturité. En matière socioéconomique, on observe également qu'un tiers des joueurs *hardcore* appartenant à la tranche la plus basse de revenu par personne au foyer (33 %) ont caché leur intérêt pour le jeu vidéo, contre 15 % des catégories aisées. Au vu des discours portés sur le jeu vidéo sur la place publique, prompts à pointer du doigt celui-ci dans le cas d'actes de violence commis par des jeunes adolescents, on comprend que les joueurs, déjà potentiellement stigmatisés pour leurs pratiques ludiques, craignent d'autant plus les jugements extérieurs qu'ils semblent s'abattre davantage sur les catégories de population déjà dévalorisées. Enfin, toujours en matière socioéconomique, il est intéressant de se pencher sur la manière dont est abordé le jeu vidéo, selon le contexte familial, avec par exemple des familles issues de catégories supérieures qui témoignent d'une approche plus intellectualisée du jeu vidéo (*cf.* ci-avant sur l'opposition jeux violents versus intelligents). Elles justifient son apparition dans le foyer en y appliquant des codes et des grilles de lecture éprouvés dans la culture légitime et tracent une distinction entre eux et le stéréotype honni du joueur. Le bénéfice du doute leur est laissé, là où d'autres n'ont pas cette chance. En bref, même si tout le monde joue, c'est toujours sur les mêmes que retombe le stigmate : les joueurs les plus jeunes et les plus pauvres.

## Des femmes mises à l'écart du jeu vidéo en raison d'une définition excluante du *gamer*

Revenons sur le *GamerGate*, qui a catalysé et visibilisé le climat misogyne qui règne dans cette sphère. Abordé plus tôt, il faut souligner la déflagration que cet événement a provoquée dans la communauté vidéoludique et chez ses observateurs. Pour rappel, les années 2000 et 2010 ont marqué une sorte de « victoire culturelle » du jeu vidéo : s'il restait critiqué, sa démocratisation à l'échelle mondiale faisait qu'il n'était plus ce loisir de niche comme à ses débuts. Le jeu vidéo ainsi que les joueurs sont passés des marges au statut d'objet grand public. Or, le GamerGate a fait office d'accélérateur dans l'entrée du jeu vidéo et des joueurs dans la société au sens où, auparavant, les joueurs estimaient qu'ils étaient extérieurs à la politique, extérieurs à la société puisque marginalisés. Mais après 2014 et le *GamerGate*, il n'est plus possible de fermer les yeux sur les problématiques de genre qui traversent le milieu vidéoludique comme l'ensemble de la société. Comme le dit Samuel « Arcade » Coblence, le *GamerGate* constitue le moment où les joueurs ne pouvaient plus se présenter comme des simples victimes dans leur propre discours – puisque effectivement, jouer aux jeux vidéo a longtemps constitué un stigmate[1].

Aujourd'hui, la réalité du sexisme au sein du jeu vidéo et ses conséquences sur les femmes sont là : 45 % des joueuses ont été confrontées, directement ou indirectement, à des situations de sexisme, ou ont cherché à s'en prémunir. Cela représente 35 % des femmes sur la population française âgée de 15 ans ou plus. Mais comment s'est construit le jeu vidéo ? Pourquoi en arrive-t-on ensuite à une sphère pensée comme spécifiquement masculine ? Et pourquoi, alors qu'aujourd'hui un joueur sur deux est une joueuse, sont-elles aussi mal accueillies ?

1. Arcade, « Les geeks, la gauche, et le Joueur du grenier – Les réflexions stupides », *youtube.com*, 16 novembre 2022.

## L'industrie à ses origines

À ses prémices, le jeu vidéo est intrinsèquement lié à l'informatique, un milieu aussi traversé par les problématiques de genre et plutôt pensé comme masculin. S'il est difficile de dater exactement le tout premier jeu vidéo, on fixe sa date de naissance aux années 1950, au sein d'universités et durant des recherches en informatique. Les jeux vidéo mettront encore des années avant de se faire connaître du grand public.

Encore aujourd'hui, on constate une sous-représentation des femmes dans cet univers-là. En France, seuls 30 % des salariés du secteur numérique sont des femmes, et selon le rapport DESI (Indice de l'économie et de la société numériques) 2020, à peine 18 % des femmes sont spécialistes des TIC (technologies de l'information et de la communication) en Europe[1]. Alors que, dans ce domaine, les hommes et leur masculinité se construisent autour de la compétence et de la performance technologiques, par effet miroir, les femmes sont considérées comme inadaptées à ce type d'activités (certains parlent « d'illettrisme

1. Grande École du Numérique, « Les chiffres clés sur les femmes et la tech », *grandeecolenumerique.fr*, 19 octobre 2023.

technologique[1] »). Mais bien que la situation tende à s'améliorer et que l'accès et l'usage d'outils technologiques ne soient plus autant genrés, le secteur du jeu vidéo n'apparaît pas comme un bon élève. D'une part, car il tire ses origines du milieu de la *tech*, mais aussi car d'autres éléments participent à faire du jeu vidéo une sphère résolument pensée par et pour des hommes. Au sein de l'industrie, on retrouve donc une large sous-représentation des femmes, même si leur part tend à progresser : 22 % en 2014 contre 30 % en 2021, selon Statista[2], et 2 % contre 8 % pour les minorités de genre. Le Syndicat des travailleurs et travailleuses du jeu vidéo (STJV) déplore par ailleurs une invisibilisation des femmes – pourtant déjà présentes – dans le milieu, même à ses débuts, comme il y a pu en avoir dans le domaine de l'espace ou du développement informatique[3].

1. Aphra Kerr, « Representing users in the design of digital games », *digra.org*, 2002.
2. J. Clement, « Distribution of game developers worldwide from 2014 to 2021, by gender », *statista.com*, 12 décembre 2023.
3. Syndicat des travailleurs et travailleuses du jeu vidéo, « Dans le jeu vidéo, la lutte contre les oppressions de genre passera par le syndicalisme », *stjv.fr*, 7 mars 2023.

Encore aujourd'hui, la visibilité des femmes dans l'industrie – minée par le sexisme – fait défaut. Lors de l'édition 2023 des *Game Awards*, une des grandes cérémonies de récompenses des jeux vidéo qui a pour volonté de célébrer le jeu vidéo et ceux qui le font[1] (cette année devant 118 millions de personnes), sur la vingtaine de personnes qui ont pu donner un rapide discours suite à leur victoire, on ne compte que trois femmes.

Les attentes de l'industrie façonnent également les prérequis en termes de recrutement. On valorisera plus volontiers les passionnés de jeu vidéo et les personnes douées en programmation, et il s'avère que l'archétype de ce candidat idéal est plus souvent un homme. On aura aussi plus volontiers tendance à reconnaître chez un homme une passion pour le jeu vidéo, et moins chez une femme[2], comme nous avons pu l'observer chez les joueurs eux-mêmes dans le cadre de l'enquête Ifop pour GamerTop. La problématique de la légitimité des femmes est présente à tous les niveaux : quel que soit le milieu où elles évoluent

1. Nombre de commentateurs ont notamment déploré qu'aucun mot n'ait été adressé à tous les travailleurs du secteur qui ont été licenciés l'année passée.

2. Marke Kivijärvi, Saija Katila, « Becoming a gamer : performative construction of gendered gamer identities », 2021, art. cité.

(en jeu, dans l'*e-sport*, dans l'industrie), elles doivent fournir davantage de preuves de leur compétence.

Les diverses accusations de harcèlement sexiste, en sus de la culture du *crunch*[1] et du management toxique, participent probablement à ce que les femmes y réfléchissent à deux fois avant de postuler, et peinent à rester dans ces entreprises quand elles y entrent. En matière d'accusations de sexisme, on peut citer, rien que ces dernières années, le cas d'Activision Blizzard en 2021[2], Ubisoft en 2020[3], Riot

1. Le *crunch*, dans l'industrie vidéoludique, définit des périodes de travail intense. En 2022, 22,5 % des salariés de l'industrie française adhérant au Syndicat des travailleurs et travailleuses du jeu vidéo expliquaient avoir effectué au moins une période de *crunch*. Toujours selon ce syndicat, plus de la moitié ne sont pas payés pour ces heures supplémentaires, une période qui a pu durer plus de douze semaines pour 10,2 % d'entre eux. Syndicat des travailleurs et travailleuses du jeu vidéo, « Baromètre 2022 – Les travailleur·ses du jeu vidéo en chiffres », *stjv.fr*, 12 septembre 2023.

2. *Le Monde* avec AFP, « Harcèlement sexuel dans le jeu vidéo : les employés d'Activision Blizzard se mobilisent », *lemonde.fr*, 29 juillet 2021.

3. Erwan Cario, Marius Chapuis, « Récits de harcèlement et d'agressions sexuelles à Ubisoft : "Les jeux vidéo c'est fun, on peut tout faire, rien n'est grave" », *liberation.fr*, 1er juillet 2020.

Games en 2020 également[1], même si des premiers faits avaient été dévoilés en 2018 par le site Kotaku[2]. En 2018, *Le Monde*[3], *Médiapart*[4] et *Canard PC*[5] dévoilaient, dans une enquête menée conjointement, les conditions de travail au studio Quantic Dream. Parmi les éléments problématiques : le sexisme qui y est à l'œuvre.

Plus en aval, le jeu vidéo étant considéré comme un terrain masculin, un passe-temps d'homme, et donc, de par ces préconceptions, mais également de par la logique du marché (le public masculin est plus connu, plus sûr, donc pose moins de risques financiers), l'industrie se concentre sur des produits

1. AFP, « Jeux vidéo : Riot Games et son patron français accusés de harcèlement sexuel », *lavoixdunord.fr*, 10 février 2021.
2. Cecilia d'Anastasio, « Inside the culture of sexism at riot games », *kotaku.com*, 7 août 2018.
3. William Audureau, « Quantic Dream, un fleuron du jeu vidéo français aux méthodes de management contestées », *lemonde.fr*, 14 janvier 2018.
4. Mathilde Goanec, Dan Israel, « Les errements de Quantic Dream, pépite française du jeu vidéo », *mediapart.fr*, 14 janvier 2018.
5. Maria Kalash, « Drôle d'ambiance à Quantic Dream – Rififi au cœur d'un grand studio parisien », *canardpc.com*, 7 janvier 2018.

pensés pour une audience masculine[1]. Nicolas Besombes, docteur en sciences du sport, abonde en ce sens dans un article du journaliste Louis Chahuneau dans *Le Monde*. Selon lui, cet entre-soi s'explique d'abord par l'aspect compétitif des jeux concernés, un caractère traditionnellement associé aux hommes : « Chez les enfants, on a tendance à mettre les petits garçons dans des sports d'affrontement comme le judo et les filles dans des activités collaboratives comme la danse. » Or une bonne part des jeux vidéo imitent le type de jeux d'enfants qu'on associe, de manière stéréotypée, aux jeunes garçons : l'accent est mis sur l'aventure, l'action, la violence et la compétition. Les jeux vidéo sont des transcriptions des jeux d'enfants sur des supports numériques. Et bien qu'à partir d'un moment, une offre pour femmes ait émergé, elle a été pensée comme distincte de l'offre pour les hommes et contribue à reproduire cette distinction genrée des jeux d'enfants[2].

En matière de segmentation genrée de la production, la publicité représente la pointe émergée de cet iceberg. Puisque le public était

1. Marke Kivijärvi, Saija Katila, « Becoming a gamer: performative construction of gendered gamer identities », 2021, art. cité.
2. Laurence Berdot-Talmier, Chantal Zaouche-Gaudron, « Utilisation des jeux vidéo en réseau par les enfants… », 2020, art. cité.

longtemps pensé comme restreint aux jeunes garçons, les publicités du secteur mettaient en scène des jeunes enfants pour peu de femmes et peu de mères. Mais ensuite, une fois le public de jeunes garçons devenu adolescent, ces publicités se sont mises à utiliser toute une imagerie sexy et sexiste[1].

Au sein de la presse spécialisée qui relaie cette réclame, les rédactions sont également plutôt masculines. On retrouve les mêmes logiques de recrutement que dans l'industrie du jeu vidéo, quand les deux secteurs ne se confondent pas carrément. Ayant peu de recul sur le médium, les critiques de jeux vidéo entretiennent, souvent sans les questionner, les récits héroïques et stéréotypés de protagonistes de jeux vidéo masculins et virils, et de ces femmes toujours agréables à regarder. Plus largement, que ce soit pour célébrer les personnages de jeux vidéo ou les grands noms de l'industrie, la présence de femmes fait cruellement défaut dans la presse spécialisée[2]. En juillet 2012, la une du journal *Joystick* cristallise ce phénomène. Sa couverture dédiée au nouveau jeu *Lara Croft* est

1. Joueur du grenier, « Joueur du Grenier (Hors-série) – Les pubs de jeux vidéo », *youtube.com*, 13 février 2021.

2. Marke Kivijärvi, Saija Katila, « Becoming a gamer: performative construction of gendered gamer identities », 2021, art. cité.

épinglée pour son sexisme. Certes, Lara Croft est une héroïne de jeu vidéo datant de 1996, donc plutôt une exception à l'époque pour un jeu action-aventure. Et pourtant, au fil de son article, l'auteur enchaîne les allusions sexuelles et dit du jeu qu'il « [malmène] son héroïne autant que peut l'être une actrice de gonzo SM ». La blogueuse Mar Lard critique alors[1] l'apologie de la culture du viol qui émane de cet article de *Joystick*. Elle pointe également qu'il n'est pas anodin de se réjouir des violences que subit l'héroïne dans ce jeu, d'y voir le fait de « la remettre à sa place », elle qui défiait les hommes sur leur propre terrain. La réponse du journal à l'époque échoue à répondre aux différents problèmes soulevés par cet article, symptomatique d'une industrie qui a pu peiner à déconstruire ses propres réflexes sexistes[2].

---

1. Mar Lard, « Joystick : apologie du viol et culture du machisme – Genre ! », *cafaitgenre.org*, 18 août 2012.
2. Joystick, « "Machisme puant", "incitation à la violence", "apologie du viol". Voilà un condensé de ce que l'on a pu lire, principalement sur Twitter… », *facebook.com*, 20 août 2012.

## Représentation des femmes dans l'offre

*Des femmes sous-représentées et, quand elles le sont... mal représentées*

On le disait, l'industrie du jeu vidéo est historiquement faite par des hommes, en fonction de leurs attentes, pour répondre à la demande d'un marché masculin. Et l'offre grand public, lorsqu'elle donne à voir des personnages féminins, n'échappe toujours pas à des logiques sexistes.

Les personnages féminins ont longtemps été sous-représentés dans l'offre vidéoludique. C'est à cette conclusion que sont arrivés Beasley et Standley, professeures de communication (2009). À partir d'une liste de jeux issus de différentes consoles (114 provenant de la Nintendo 64 et 227 venant de la PlayStation), elles ont pu établir que ces jeux comptaient plus de personnages masculins, mais également plus de personnages d'un genre indéterminé, que de personnages féminins[1]. Ces exemples sont anciens, mais encore aujourd'hui, nous avons pu compter dans le top 20 des jeux les plus vendus en 2022 que ce

1. Berrin Beasley, Tracy Standley, « Shirts vs. skins : clothing as an indicator of gender role stereotyping in video games », *Mass Communication and Society*, vol. 5, n° 3, 17 novembre 2009, p. 279-293.

différentiel est encore à l'œuvre. Un seul de ces jeux proposait un personnage jouable (à ne pas confondre avec les personnages non-jouables, c'est-à-dire les personnages qu'on peut croiser au sein du jeu mais qu'on ne peut pas incarner) féminin, *Horizon Forbidden West*. À l'inverse, cinq de ces jeux proposaient d'incarner un homme exclusivement. Enfin, même quand le choix est proposé, le panel de propositions est majoritairement constitué d'hommes, et aucun de ces jeux ne propose de choisir parmi des personnages majoritairement féminins.

Les femmes sont absentes – ou très peu présentes – certes, mais comment sont-elles représentées lorsqu'elles apparaissent dans des jeux ? Les femmes, dans le jeu vidéo, sont d'abord des demoiselles en détresse, des princesses à sauver. Elles ne sont pas jouables par le joueur, et même au-delà, elles servent de prétexte à la narration, où on leur retire toute agentivité. On pense évidemment à la princesse Peach qui a pendant longtemps été le « MacGuffin » – un prétexte – de la série de jeux vidéo *Mario*, avant enfin, en 2023, de se voir proposer un jeu dans lequel elle est le personnage principal : *Princess Peach: Showtime* ! De manière plus large, les femmes sont plutôt des personnages de second voire d'arrière-plan, elles se retrouvent dans des rôles qui se conforment aux stéréotypes assignés aux femmes : amoureuse du héros, dans un rôle de soutien – ce qui se traduit dans le *gameplay* par le fait que les femmes sont des soigneuses, des magiciennes ou des archères, et moins souvent des guerrières ou des barbares[1].

Les tentatives pour féminiser des personnages de jeu vidéo ont pu amener à des efforts étonnants. Dans le cas de *Pac-Man* et *Ms. Pac-Man*, la seule chose qui fait qu'on identifie la célèbre boule jaune à un homme, c'est le « man » compris dans son nom. Et lorsqu'il a fallu lui créer un équivalent féminin (sa femme, évidemment), il a suffi d'ajouter du rouge à lèvres, de l'eyeliner et un nœud rose[2]. Ce cas est symptomatique de deux phénomènes : les personnages féminins se construisent autour d'attributs stéréotypés féminins, et il apparaît que le masculin est le neutre dans ce milieu.

Au-delà du rôle qu'elles occupent, la manière dont les femmes sont représentées

---

1. Alicia Summers, Monica K. Miller, « From damsels in distress to sexy superheroes. How the portrayal of sexism in video game magazines has changed in the last twenty years », *Feminist Media Studies*, vol. 14, n° 6, 26 février 2014, p. 1028-1040.
2. Leticia Andlauer, « Jouer la romance dans *Amour Sucré* : la construction adolescente au regard des pratiques et productions de l'industrie du jeu vidéo en France », thèse de doctorat en sciences de l'information et de la communication, université de Lille, 2019.

dans le jeu vidéo transpire également une forme de sexisme et l'expression d'un « *male gaze*[1] ». On constate donc que les avatars féminins sont le plus souvent hypersexualisés, mais également l'omniprésence d'une norme hétérosexuelle à travers laquelle les personnages féminins sont construits : la raison d'être des femmes en tant que personnage est avant tout d'être désirables[2]. La présence même d'héroïnes fortes, surtout dans des jeux d'action, d'aventure, de tir, constitue une transgression dans cette industrie où le masculin est quasi hégémonique. Pourtant, même ces femmes n'échappent pas à leur rôle de genre, et Lara Croft, toute héroïne forte qu'elle est, apparaît également hypersexualisée. Les anecdotes entourant sa création et plus particulièrement sa poitrine, les *mods* (modifications par une personne tierce d'un jeu vidéo existant) qui devaient permettre de la jouer nue, ou les campagnes de pub la sexualisant ouvertement en sont la preuve. Beasley et Standley (2009)

1. Thomas Planques, « Représentations féminines dans le jeu vidéo : un tour d'horizon des courants dominants et des évolutions en cours », *Nouveaux Imaginaires du Féminin*, septembre 2017.
2. Mathieu Triclot, « Où passe le genre ? Les jeux vidéo au prisme des théories féministes du cinéma », in Fanny Lignon (dir.), *Genre et jeux vidéo*, Toulouse, Presses universitaires du Midi, 2015, p. 19-36.

sont arrivées à la même conclusion via leur analyse quantitative : ainsi, 70 % des femmes dans des jeux « *M-Rated* » – c'est-à-dire non-recommandés à des personnes de moins de 15 ans – avaient un décolleté, et 46 % dans les jeux « *Teen-rated* » – les jeux pour 13 ans et plus. En tout, 86 % portaient des vêtements révélant leur poitrine, et 48 % n'avaient pas de manches du tout, contre respectivement 14 % et 22 % des personnages masculins

On peut en outre observer une « dissonance ludonarrative » dans la manière dont les femmes sont représentées, c'est-à-dire un écart manifeste entre leur apparence et leurs actions dans le cadre du jeu. Comme le montre Fanny Lignon, maîtresse de conférences (2005[1]), les femmes dans les jeux vidéo de combat présentent une morphologie de mannequin, répondant aux attentes esthétiques supposées des joueurs – une cible qu'on suppose être des jeunes hommes – mais peu crédible sachant que le personnage est une combattante. Les personnages femmes écopent d'accoutrements en décalage total avec leur objectif affiché – se battre dans un tournoi d'arts martiaux –, mais répondant plus à un besoin supposé de voir des

1. Fanny Lignon, « L'image de la femme dans les jeux vidéo de combat », in Thierry Terret, Anne Roger (dir.), *Sport et genre – volume 4. Objets, arts et médias*, Paris, L'Harmattan, 2005, p. 171-185.

jolies femmes en petite tenue. Bref, en matière de représentation dans les jeux vidéo, les femmes ont droit à un traitement différencié, qui confine parfois au ridicule. Dans des jeux où le personnage-joueur peut être un homme ou une femme, une même armure portée par un homme, et couvrant efficacement son buste, son ventre et ses jambes, devient ainsi un bikini quand le personnage qui le porte est féminin. Certes, cette représentation, qui se fait au mépris du rôle qu'elle occupe, peut être justifiée dans l'univers de fiction que dépeint le jeu – dans une tentative de désamorcer la dissonance ludonarrative. Cependant, il ne faut pas non plus oublier qu'on doit la construction de ces univers… aux développeurs de ces mêmes jeux – souvent des hommes. Facile de trouver une justification à sa propre envie de dépeindre des femmes en petite tenue.

Ainsi, soit la manière dont sont représentées les femmes ne concorde pas avec leur fonction (par exemple des judokates en robe longue dans des jeux de combat), soit cette sexualisation est justifiée par les créateurs (Hideo Kojima explique que Quiet se doit d'être quasiment nue dans *Metal Gear Solid 5* car elle respire par les pores de sa peau[1]). Les personnages féminins au sein des jeux vidéo

1. Thomas Planques, « Représentations féminines dans le jeu vidéo… », 2017, art. cité.

servent un méta-rôle : répondre au désir des hommes-joueurs. Mais *quid* des femmes qui ne correspondent pas à ces standards de beauté ? De manière similaire au *GamerGate*, les studios les plus volontaires font face à une levée de boucliers importante pour tout ce qui dévie de la norme dans l'industrie. Ainsi, dès les premières fuites autour de *Grand Theft Auto VI*, la suite d'une licence à succès attendue depuis plus de dix ans, la possibilité d'incarner un personnage principal féminin avait suscité de vives critiques parmi les joueurs. Toujours ces dernières années, le personnage d'Abby, dans la suite du jeu à succès *The Last of Us*, s'était vu comparé à un homme, ou une femme transgenre, en raison de sa musculature. Oubliant que les femmes musclées existent, et qu'un contexte postapocalyptique justifiait d'autant plus la présence de femmes au physique musclé. On pourrait encore évoquer la polémique autour du personnage d'Aloy du jeu *Horizon*, dont les joues étaient recouvertes de duvet, au déplaisir de certains joueurs qui ont préféré la rendre enfin féminine… en la maquillant. *Mods* pour rendre plus « beaux » les personnages – et parfois pour les rendre blancs –, etc. La liste est longue et ces polémiques récurrentes entretiennent la vision d'une industrie et d'une communauté d'entre-soi masculin et sexiste, qui contribue à exclure les femmes de la pratique du jeu vidéo.

Mais les hommes sont-ils aussi sujets à ces représentations stéréotypées ? Dans son étude, Fanny Lignon montrait que les personnages masculins étaient eux aussi des caricatures… de virilité. Ils se conforment ainsi à la « masculinité hégémonique » dans l'univers du jeu vidéo. On peut citer, en vrac et de manière évidemment non exhaustive : Solid Snake dans la saga *Metal Gear*, Geralt de Riv de la série *The Witcher* ou encore Master Chief dans *Halo*… Mais, il semble malgré tout que les personnages masculins ont davantage de choix dans la manière dont ils peuvent être présentés : on peut voir des personnages plus vieux, voire ridés, ne répondant pas aux canons de beauté dominants… pourvu qu'ils jouissent des attributs de force, de sagesse, de compétence ou d'humour. Dans le cas des joueurs et surtout des joueuses, ces représentations genrées, en plus d'exclure de la pratique en sapant toute possibilité de s'identifier au personnage joué, peuvent également avoir des effets sur la confiance et l'estime de soi des personnes exposées à ces modèles, de la même manière qu'avec les archétypes décriés dans d'autres arts légitimes comme la mode, le cinéma, etc.

### *Le piège des jeux « pour filles » et ses conséquences sur l'identité des gameuses*

Comme brièvement évoqué ci-dessus, malgré la discrétion des personnages féminins dans l'offre de jeux vidéo, il existe des titres dédiés au public féminin – si tant est que celui-ci puisse être abordé de manière monolithique. Plus généralement, en matière d'offre culturelle, l'existence d'un marché pensé pour les femmes et les jeunes filles n'est pas une nouveauté et précède de loin les jeux vidéo. On peut penser au roman-feuilleton, au *soap opera*, et, récemment, aux littératures « *Young Adult* » et « *bit-lit*[1] ». Des créations qui font d'ailleurs souvent l'objet de critiques et sont tournées en ridicule, victimes d'un déficit de légitimité.

Dans sa quête de féminin, la logique de l'industrie vidéoludique reste avant tout mercantile : il faut vendre à un public, et donc lui proposer ce qu'on suppose qu'il attend. Le jeu vidéo à destination des femmes est donc, on l'a vu, d'abord pensé au travers du prisme des hommes – présents en majorité – qui le conçoivent et le promeuvent. Dans un article du *Monde*, traitant des conséquences du harcèlement sur les joueuses, Louis Chahuneau cite la professeure Robyn-Ann Potanin qui

1. Leticia Andlauer, « Jouer la romance dans *Amour Sucré* », 2019, thèse citée.

pointe cette démarche avant tout mercantile dans la mesure où les intérêts économiques priment au sein des grandes entreprises du secteur, a fortiori depuis que l'industrie est devenue extrêmement profitable. Elle explique le centrage sur un public masculin par le fait que « l'économie n'encourage pas la diversité dans l'industrie du jeu vidéo. Les éditeurs concentrent leur budget sur les titres à fort potentiel », ce qui explique l'absence, pendant longtemps, de titres à destination des femmes dans l'offre grand public, mais pas inexistante pour autant, notamment sur la scène indépendante. Toujours selon Chahuneau, citant les propos du professeur Christopher A. Paul dans *The Toxic Meritocracy of Video Games* : « Les développeurs ont choisi de minimiser les risques et d'offrir à la communauté existante plus de contenus qui se ressemblent, plutôt que d'innover réellement. »

Pourtant, les titres « pour filles » existent, même s'ils sont relégués au second plan, plus confidentiels, moins célébrés, perçus moins favorablement, moins légitimes. En effet, lorsqu'il est apparu que les femmes aussi pouvaient s'intéresser à ce loisir, des hommes ont commencé à réfléchir à l'offre à leur proposer, toujours au travers d'un regard genré et, il faut le dire, sexiste. Les jeux « pour filles » suivent ainsi la même logique que les jeux « pour garçons », ils sont le prolongement des jeux traditionnellement considérés « pour filles » : jouer à la dînette, à la maman… On y met aussi l'accent sur des thématiques « pour filles », soit la romance, la vie de famille, la gestion, la mode… D'un point de vue du *gameplay* également, ces jeux diffèrent. Puisque les filles sont supposées technologiquement illettrées, les contrôles sont plus simples : on utilise la souris plutôt qu'un clavier ou une manette, ils sont davantage proposés sur ordinateur, voire sur navigateur web, sur téléphone ou encore sur console portable – des modèles qu'on lie plus à un jouet qu'à un objet technique comme les massives consoles de salon. Dans ces jeux, il n'y a pas de compétition, on met l'emphase sur l'histoire et les interactions sociales (avec les personnages du jeu plus qu'avec d'autres joueurs et joueuses). On attend des filles qu'elles nouent des amitiés, trouvent l'amour, loin de la performance, des capacités, des réflexes attendus d'un jeu de tir, par exemple.

Un des premiers jeux lancés à destination explicite des filles est *Barbie Fashion Designer*, analyse Judith Vari, enseignante-chercheuse (2022[1]). Sorti en 1996 sur ordinateur, il permet d'habiller Barbie et de la faire défiler.

1. Judith Vari, « Une agentivité inégalitaire : jeux vidéo et accessibilité des filles à la parole publique », *Éducation et sociétés*, n° 47, 2022/1, p. 133-149.

Neuvième meilleur jeu vendu sur PC l'année de sa sortie, il confirmera la solidité de ce segment du public aux yeux de l'industrie, même s'il n'échappera pas déjà à l'époque aux critiques pour sa vision stéréotypée des rôles de genre[1]. On parle ici des intérêts financiers qui motivent principalement l'industrie vidéoludique, mais déjà dans les années 1980 et 1990, des studios féministes avaient lancé leurs propres jeux, passés inaperçus, d'autant plus à l'époque où l'accès aux jeux vidéo était plus complexe (publicité plus compliquée, obligation de se procurer la version physique du jeu, marché encore limité...)[2].

Ainsi, si l'offre « pour filles » n'a jamais été officiellement définie par les industriels, ses codes implicites émergent rapidement. En résumé, des jeux à l'esthétique rose, aux mécaniques simplifiées, et où la performance se mesure à la capacité des joueuses à accomplir ce que Sarah Ganzon (2019) appelle « un travail émotionnel[3] ». Or, ces caractéristiques sont similaires à celles utilisées pour définir la pratique *casual* du jeu vidéo, ce qui souligne son aspect

1. « Barbie Fashion Designer », *Wikipédia.*
2. Leticia Andlauer, « Jouer la romance dans *Amour Sucré* », 2019, thèse citée.
3. Sarah C. Ganzon, « Growing the otome game market: fan labor and otome game communities online », *Human Technology*, vol. 15, n° 3, novembre 2019, p. 347-366.

définitivement genré, excluant par essence les femmes de la définition du *hardcore gamer*. Ce mépris s'exprime également par la tendance à faire des jeux à destination d'un public féminin une seule grande catégorie homogène. Non seulement homogène mais dépréciée, puisque comme l'affirme Leticia Andlauer, docteur en Sciences de l'information et de la communication (2019), même au sein du milieu vidéoludique, ses acteurs jugent négativement ces types de jeux, en raison justement des stéréotypes genrés et de la simplicité du *gameplay*, les considérant comme des « sous-jeux »[1].

Cette segmentation du marché du jeu vidéo, si elle permet à un plus grand nombre de personnes de trouver un titre qui leur est au demeurant destiné, participe aussi à marginaliser les publics déviant de la norme en les éloignant de l'offre grand public et en renforçant la marginalité de leur pratique (Shaw 2012[2]). Proposer des « jeux de garçons » d'un côté et des « jeux de filles » de l'autre a pour conséquence que les joueurs ne se rencontrent pas ou peu, ni sur les mêmes jeux ni sur des forums pour partager les mêmes passions, ce qui concourt à la création et l'imperméabilité de ces bulles.

---

1. Leticia Andlauer, « Jouer la romance dans *Amour Sucré* », 2019, thèse citée.
2. Adrienne Shaw, « Do you identify as a gamer ?… », 2012, art. cité, p. 28-44.

Avoir des types de jeux différents se destinant à des segments genrés concourt à produire des expériences de jeu distinctes, et donc des définitions plurielles de ce qu'est un « bon joueur ». Dans un jeu destiné à un public masculin, selon les critères de l'industrie, on valorise l'esprit de compétition, la réactivité, l'apprentissage des mécaniques de jeu. Dans un jeu réservé à un public féminin, on valorise davantage l'investissement émotionnel, la capacité à faire les bons choix dans une histoire. Mais si ces deux définitions coexistent, ainsi que bon nombre de manières de jouer différentes, c'est la définition la plus masculine qui tend à rester hégémonique aujourd'hui. Cette définition communément admise de ce qu'est un *gamer*, et qui exclut de fait les femmes de son périmètre, conduit à ce que ces deux identités – joueur et femme – entrent en compétition, rendant impossible ou difficilement admissible la notion même de « joueuse ». Pour performer de manière attendue dans l'un, il faut gommer l'autre. C'est ainsi qu'on en arrive à ce que, dans les jeux en ligne, des femmes cachent leur genre, adoptent des avatars ou des pseudonymes neutres ou masculins. Ainsi, si le joueur *casual* ou la joueuse se présentent comme des identités alternatives à celle du *gamer* (défini par exclusion de ces deux profils), celles-ci se retrouvent écrasées par l'hégémonie de l'identité du *gamer* jeune homme blanc hétérosexuel, une hégémonie dans les discours portés par l'industrie mais aussi par les acteurs extérieurs à celle-ci.

### *Quelle socialisation des femmes au jeu vidéo ?*

Toutes ces mécaniques et processus de stigmatisation du féminin dans le secteur vidéoludique amènent à revenir à la source, c'est-à-dire le premier contact des femmes avec le jeu vidéo. Car la perpétuation de ce schéma genré passe également par des dynamiques familiales et sociales durant l'enfance. Combien de filles ont découvert les jeux vidéo via leur grand frère ou leur père, assises à regarder jouer, ou comme le « Joueur 2 » à qui on finissait par prêter la manette ?

D'après Jessica Soler-Benonie, maîtresse de conférences en sociologie (2019[1]), et son étude qualitative menée auprès de 20 *gameuses* âgées de 18 à 39 ans, le premier accès au jeu vidéo est lié au degré d'équipement du foyer, à une époque où il est complexe et onéreux de se procurer plateformes et jeux (1989). Dans le paysage ainsi dessiné, le père apparaît comme

1. Jessica Soler-Benonie, « De *Age of Empires* à *League of Legends* : trajectoires et socialisations vidéoludiques des "gameuses" de 4 à 20 ans », in Vincent Berry, Leticia Andlauer (dir.), *Jeux vidéo et adolescence*, Laval, PUL, 2019.

une figure centrale : il acquiert les plateformes de jeux vidéo et partage ici son intérêt pour le médium vidéoludique. L'autrice évoque qu'il n'existe pas de différence dans l'attitude du père selon le sexe, que l'enfant soit garçon ou fille, le partage est le même. Cette transmission peut également se faire via la fratrie, et plus précisément les frères. Ils initient les sœurs, mais ces dernières apparaissent davantage comme le Joueur 2, l'observatrice. Elles sont reléguées à une position marginale, passive. Contrairement à leurs frères, qui possèdent leur propre bibliothèque de jeux vidéo ou console, les filles doivent partager. Les hommes sont donc les premiers passeurs de la pratique vidéoludique. Les mères, a contrario, apparaissent plutôt comme les « régulatrices » (Peyron, dans Roucous 2019[1]) : elles contrôlent les temps d'écran mais ne manifestent pas d'intérêt pour le jeu vidéo, là où les pères sont davantage des compagnons de jeu. L'intrication entre masculinité et technologie évoquée en début de partie se retrouve ici dans les rapports de ces *gameuses* à leurs parents où, d'entre les deux, le promoteur de l'activité vidéoludique est systématiquement le père. Toujours selon l'autrice, quand la

1. Nathalie Roucous, « Le jeu (vidéo) dans l'espace familial : parents, enfants et pratiques partagées », in *ibid.*

transmission se fait par des pairs, extérieurs au noyau familial, il s'agit encore d'amis masculins qui invitent à jouer.

L'arrivée au collège participe à creuser cette différence genrée de pratique du jeu vidéo chez ces filles. Pour leur permettre de s'intégrer au collectif adolescent, le jeu vidéo est alors mis de côté. L'activité baisse même mécaniquement puisque, à cet âge-là, autour des jeunes filles, il n'y a plus personne avec qui jouer – et si la pratique de jeu demeure, elle passe d'une pratique sociale à une pratique individuelle. Fait intéressant : dans la même enquête, les joueuses affirment refuser de partager leur passion avec leurs camarades filles, de peur d'être rejetées, du fait d'une activité déviant d'une norme genrée plus ou moins implicite. Toujours d'après Jessica Soler-Benonie (2019), si la pratique du jeu vidéo fluctue avec le temps dans la jeunesse et l'adolescence des filles, elle reste en revanche constante chez les garçons, et moins liée à une pratique sociale. Face au jeu vidéo, les garçons apparaissent plus autonomes.

## Comment les femmes se ménagent des espaces de jeu aujourd'hui

Les résultats de l'enquête Ifop pour GamerTop en attestent, les femmes sont présentes dans le jeu vidéo. Elles le sont même à tous les niveaux – ou presque – et ceci depuis longtemps, même si elles ont gagné en visibilité ces dernières années. De plus, les communautés et organisations autour desquelles elles se rassemblent trouvent de plus en plus d'écho. Du côté des joueuses, il ne faut pas négliger la conception de communautés informelles autour de certains jeux vidéo, ou la création de réseaux pour jouer en ligne avec des personnes bienveillantes. Ainsi, Andlauer (2019) détaille dans sa thèse l'organisation en communauté de jeu des joueuses d'*Amour Sucré*.

D'autres associations ont vu le jour, comme notamment le collectif « Afrogameuses », qui a pour objectif selon sa fondatrice Jennifer Lufau de « promouvoir la visibilité et l'insertion professionnelle des joueurs et des joueuses afrodescendants, et des minorités de genre afrodescendantes ». Cette association réunit des joueuses afrodescendantes, et a pour vocation, entre autres, de visibiliser les joueurs issus de la diversité (des « *role models* ») et de prévenir les discriminations envers les minorités. En effet, si le sujet n'est pas traité en profondeur dans cet ouvrage comme peut l'être le sexisme, les minorités de genre et les personnes racisées subissent également une marginalisation, que ce soit dans la communauté de joueurs, dans les jeux vidéo eux-mêmes, ou dans l'industrie. Des *streamers* se sont également organisés lors de nombreux événements caritatifs afin de réunir des fonds et de sensibiliser à cette cause. On peut citer *Furax*, pour venir en aide aux victimes de violences sexistes et sexuelles et de harcèlement en ligne, ou encore *Et Ta Cause*, un marathon caritatif de *stream* pour lutter contre les violences sexistes, devenu récemment une association.

Du côté des clubs *e-sport*, bien qu'on observe toujours une sur-représentation d'hommes parmi les fondateurs et les joueurs, les femmes commencent à être mises en avant. Selon le Baromètre « France Esports » 2023[1], parmi les dix structures *e-sportives* françaises les plus connues, la Kcorp fondée par le *streamer* Kameto comporte une équipe féminine, « Valorant Game Changers ». La deuxième structure la plus connue, Vitality, fondée par trois personnes de renom (Nicolas Maurer, Corentin « Gotaga » Houssein et Kevin « BrokyBrawks » Georges), compte également une équipe féminine : les French Bees, parmi les ambassadeurs desquelles on retrouve deux femmes, Magnoly (aussi connue sous le nom Shynouh) et Marianne (Little Big Whale).

Du côté de l'industrie, en France, l'association *Women in Games* propose de promouvoir des modèles féminins et d'assurer une forme de réseautage et de parrainage entre actrices du milieu, pour contrebalancer la puissance

1. France Esports, « Baromètre France Esports… », 2023, rapport cité.

des « *boys' clubs* » déjà existants. Le Syndicat des travailleurs et travailleuses du jeu vidéo est quant à lui fondé en 2017, et au travers de la défense des intérêts des personnes travaillant dans le secteur, il soutient également les droits des femmes – il participe à la manifestation pour les droits des femmes le 8 mai notamment –, mais pas seulement[1], avec notamment les luttes en faveur des LGBT+ et des personnes racisées. Enfin, les jeux eux-mêmes comptent également de plus en plus de personnages féminins centraux, même au sein des jeux AAA (*The Last of Us*, *Horizon*, *Grand Theft Auto VI*, *Alan Wake II*…) Lentement, la roue tourne, avec des progrès sensibles sur la question hommes-femmes dans l'univers du jeu vidéo. Restent les mentalités qui, malgré une pratique largement diffusée et paritaire du jeu vidéo, demeurent lestées par des préjugés d'une autre époque.

1. Syndicat des travailleurs et travailleuses du jeu vidéo, « Dans le jeu vidéo, la lutte contre les oppressions de genre passera par le syndicalisme », 2023, art. cité.

# Conclusion

Indéniablement, le jeu vidéo est entré dans le répertoire de loisirs des Français. Car, oui, tout le monde joue : rien qu'en prenant en compte la seule population des 15 ans et plus, cela fait plus de quarante millions de joueurs dans l'Hexagone (79 %). C'est un loisir qui a même vocation à se démocratiser encore davantage dans les prochaines années, avec le renouvellement des générations, pour rejoindre la poignée d'activités pratiquée par une majorité de Français selon la dernière enquête du ministère de la Culture (la musique, pour 81 % ; la radio, pour 82 % ; la télévision, pour 82 %).

Et, non, la pratique du jeu vidéo ne rend pas ses adeptes plus isolés ou misogynes – le procès en incitation à la violence restant, lui, en suspens faute de consensus scientifique. Toutefois, notre étude comme la littérature ont montré que le *gaming* est un espace où les comportements hostiles, toxiques et carrément sexistes sont répandus. Un espace où s'exprime le sexisme, oui, mais pas un amplificateur de ce phénomène, pour une simple et bonne raison : dans leurs représentations, joueurs et non-joueurs… sont aussi sexistes les uns que les autres. La focale mise sur les comportements sexistes entre joueurs se révèle donc en réalité un miroir grossissant des problématiques de genre qui traversent la société dans son ensemble. Dit plus simplement, le jeu vidéo n'est finalement qu'un endroit de plus où on peut afficher des comportements sexistes.

Mais ce n'est pas parce que le sexisme est aussi présent dans le jeu vidéo que dans le reste de la société… qu'il ne faut rien faire ou qu'on ne peut rien faire. En effet, les parties prenantes du secteur possèdent à cet égard des marges de manœuvre, dont l'inexploitation revêt une forme de culpabilité – notamment imputable au référentiel masculin de l'industrie. Certes, des mesures ont pu être mises en place, mais elles brillent aujourd'hui par leur insuffisance. Certes, il existe une scène indépendante du jeu vidéo et des communautés de jeu bienveillantes, mais celles-ci n'empêchent pas les joueuses d'être ou de craindre d'être victimes de comportements sexistes. Pour responsabiliser la pratique des jeux vidéo au regard de ces problématiques, la balle est donc dans le camp du secteur dans toutes ses composantes : créateurs aux représentations datées, diffuseurs à la politique attentiste quant à la modération des commentaires, joueurs « vitrines » dispensés de toute exigence d'exemplarité par l'industrie… Et joueurs lambda, évidemment, mais c'est là un chantier qui dépasse le seul domaine du jeu vidéo : la révolution en matière de rapports hommes-femmes reste à mener à l'échelle de la société dans son ensemble.

Si le principal problème observé dans la sphère du jeu vidéo se situe en fait dans la société en général, pourquoi cette mise au pilori spécifique de la part de nos représentants politiques ? On pourrait leur prêter une forme d'incompréhension de ce loisir en raison d'un décalage générationnel, comme l'ont subi d'autres cultures émergentes par le passé et aujourd'hui légitimes. Mais ce serait occulter la part certes minoritaire mais importante des 50 ans et plus qui jouent aujourd'hui en France… ou le fait que le président de la République affiche moins d'années au compteur. Emmanuel Macron, d'ailleurs, qui, malgré ses mains tendues à la communauté des *gamers* – sa récupération opportune du *streamer* ZeratoR avant les élections législatives de 2022, ses félicitations dans le cadre du marathon caritatif ZEvent –, retombe chaque fois dans le travers de la stigmatisation des joueurs. En entretenant chez ces derniers la suspicion d'un mépris systématiquement caché derrière les déclarations valorisantes,

Emmanuel Macron passe ainsi à côté d'une pratique plébiscitée par les Français. La conquête de l'électorat jeune s'annonce difficile par les jeux vidéo.

Plutôt que de pointer du doigt la pratique du jeu vidéo comme une activité immature, les politiques seraient donc plus avisés de combattre son principal problème en le traitant pour ce qu'il est : le sexisme étant à l'œuvre dans le jeu vidéo comme dans l'ensemble de la société, c'est à cette dernière échelle qu'il doit être traité, et avec volontarisme. C'est de cette manière que Françaises et Français, aujourd'hui tous joueurs, pourront demain être sereinement tous joueuses et joueurs.

# Remerciements

Merci tout d'abord à François Kraus, qui nous a mis le pied à l'étrier pour réaliser la première étude sociologique d'ampleur en France sur le *gaming* et le vécu du sexisme par les joueuses. Encore merci à lui pour nous avoir encouragés à tirer de cette expérience l'ouvrage que vous tenez entre vos mains.

Au sein de l'Ifop, merci à nos collègues des expertises *Corporate & Work Experience* et *Actualités & politique* pour leur soutien dans cette belle aventure.

Enfin, merci aux éditions de l'Aube pour leur confiance.

# Table des matières

Reconnue d'utilité publique dès sa création, la Fondation Jean-Jaurès est la première des fondations politiques françaises. Indépendante, européenne et sociale-démocrate, elle se veut depuis trente ans un lieu de réflexion, de dialogue et d'anticipation. Les partenariats éditoriaux qu'elle engage répondent à l'ambition de faire naître analyses pertinentes et propositions audacieuses, mais aussi de mettre cette production intellectuelle et politique au service de tous. Laurent Cohen et Jérémie Peltier sont directeurs des publications de la Fondation Jean-Jaurès.

Pour limiter l'empreinte environnementale
de leurs livres, les éditions de l'Aube
font le choix de papiers issus de forêts durablement
gérées et de sources contrôlées.

Achevé d'imprimer en mars 2024
sur les presses de l'imprimerie Firmin-Didot
pour le compte des éditions de l'Aube
331, rue Amédée-Giniès, F-84240 La Tour-d'Aigues

Numéro d'édition: 5959
Dépôt légal: avril 2024
Numéro d'impression : 178950

*Imprimé en France*